Semaine 05

Semaine 06

Semaine 07

Semaine 8

Semaine 12

Semaine 13

Semaine 14

Semaine 15

Semaine 20

Semaine 21

Semaine 22

Semaine 23

Semaine 27

Semaine 28

Semaine 29

Semaine 30

Semaine 35

Semaine 36

Semaine 37

Été brunch

Semaine 42

Semaine 43

Semaine 44

Semaine 45

Automne brunch

Semaine 50

Semaine 51

Semaine 52

EN cuisine AVEC Sophie

52 semaines ✣ 52 menus

Sophie Dudemaine
L'Art de Vivre Gourmand

Partez à la découverte de l'univers gourmand de Sophie :
ses livres, recettes, conseils, cours de cuisine, produits gourmets
et une chaleureuse maison d'hôtes normande.

Sophie Dudemaine
La Maison de Sophie
14950 Saint-Étienne-la-Thillaye
Tél. : 02 31 65 69 97

Retrouvez tous les ustensiles cités dans le livre
sur **www.lamaisondesophie.fr**

Conception et réalisation graphique : **la tête moderne**
Connectez-vous sur **www.lamartinieregroupe.com**

ISBN : 978-2-7324-4269-3

PHOTOGRAPHIES : **Philippe Asset**
STYLISME : **Alice Asset-Guerrand**

En cuisine avec Sophie

52 semaines – 52 menus

Éditions
de La Martinière

La Maison
La Maison

Cuisinez avec moi en un clin d'œil !

Certains auteurs ont trouvé la recette pour écrire leurs mémoires, moi je vous offre les recettes que j'avais en mémoire.

Il n'aura pas fallu me cuisiner longtemps pour que je cède à ma directrice éditoriale qui voulait absolument ce qu'elle appelle « la Bible de Sophie ».

D'accord, ça faisait un moment que ça mijotait dans ma tête et que j'avais envie de rassembler pour vous l'essentiel dont se sont régalés pendant dix ans les hôtes de La Maison de Sophie.

Alors voilà ce que ça donne : plus de 200 recettes en 52 menus, de janvier à décembre, de l'apéritif au dessert, pour une cuisine au rythme des produits de saison et des événements festifs à ne pas manquer !

Mes petits conseils

Avant de commencer, listez les tâches à entreprendre (par exemple, faites mariner le poisson, épluchez les carottes...) sur une feuille que vous rayerez dès qu'elles seront réalisées. Ce petit tableau de bord va vous guider, au fur et à mesure du déroulement de la recette.

Sortez sur le plan de travail tous les ingrédients de la recette.

Réalisez la recette en commençant toujours par l'épluchage et la découpe des fruits et légumes.

Au moment du repas, il ne doit plus rester que de l'assemblage.

Prévoyez à l'avance les contenants, et n'hésitez pas à détourner des objets, tels que des vases, bougeoirs, accessoires de jardin, pour présenter vos plats.

Pensez au Thermos® pour conserver les sauces au chaud et pensez également au four à 60 °C (th. 2) pour maintenir vos préparations au chaud.

Pour la table, ne négligez jamais la décoration, c'est la première chose que vos invités découvriront.

Prenez du plaisir à faire plaisir !
Ayez confiance en vous et restez zen !
Suivez-moi pas à pas...
Lisez la recette intégralement.
Regardez ce qui peut se préparer à l'avance et ce qui peut être congelé...

Et n'oubliez pas, si je peux le faire, vous pouvez le faire !

Sophie Dudemaine

hiver

printemps

été

automne

hiver

Menu de la semaine

une

MENU ÉPIPHANIE

Entrée

Salade coleslaw

Plat

Filets de sole à l'orange

Accompagnement

Darphins de panais

Dessert

Galette des Rois

MENU ÉPIPHANIE

Entrée

Salade coleslaw

Pelez les carottes puis râpez-les.

Émincez le chou finement.

Épluchez les petits oignons puis émincez-les avec leur vert.

Dans un bol, mélangez la mayonnaise avec les yaourts, le sirop d'érable et le vinaigre balsamique. Salez et poivrez.

Mélangez la sauce obtenue avec tous les légumes ainsi que les noix de pécan. Goûtez et rectifiez l'assaisonnement si nécessaire.

LE CONSEIL DE SOPHIE
Réalisez cette salade 24 heures à l'avance. Elle n'en sera que meilleure.

L'ASTUCE DÉCO DE SOPHIE
Présentez cette salade dans un petit chou blanc que vous aurez creusé préalablement.

Ingrédients

Pour 6 personnes

- 2 carottes (300 g)
- 1 petit chou blanc (300 g)
- 3 petits oignons botte
- 100 g de noix de pécan concassées
- 2 yaourts à la grecque
- 200 g de mayonnaise
- 2 cuillerées à soupe de sirop d'érable
- 2 cuillerées à soupe de vinaigre balsamique
- Sel et poivre du moulin

MENU ÉPIPHANIE

Plat

Filets de sole à l'orange

À l'aide d'un zesteur, zestez les oranges. Plongez les zestes dans de l'eau bouillante pendant 5 minutes pour enlever l'amertume puis passez-les sous l'eau froide.

Égouttez et mettez de côté. Pressez le jus des oranges.

Roulez chaque filet de sole sur lui-même et maintenez avec une pique en bois.

Dans une sauteuse, versez le vin blanc avec le beurre et portez à ébullition.

Ajoutez le jus des oranges. Salez et poivrez.

Dès que le liquide frémit, mettez-y les filets de sole et laissez-les cuire pendant 6 minutes à feu doux en les retournant une fois. Posez les filets sur un plat et couvrez d'un papier d'aluminium.

Dans une casserole, faites réduire de moitié le jus de cuisson à feu vif.

Dans un bol, mélangez les jaunes d'œufs avec la crème fraîche.

Dès que la sauce est réduite, ajoutez hors du feu le mélange jaunes d'œufs-crème en fouettant. Ajoutez le Grand Marnier® et les zestes d'orange. Goûtez et rectifiez l'assaisonnement si nécessaire.

Retirez les piques en bois puis disposez deux à trois filets de sole sur les assiettes en les nappant de sauce.

Servez accompagné d'un Darphin de panais ou de pommes de terre.

L'USTENSILE GAIN DE TEMPS DE SOPHIE

Le zesteur canneleur est un ustensile deux en un. Il permet de prélever l'écorce odorante des agrumes sous forme de cannelures ou de zestes.

Ingrédients

Pour 6 personnes

- 4 soles de 800 g pièce en filets sans la peau levés par le poissonnier
- 2 oranges
- 3 jaunes d'œufs
- 300 g de crème fraîche épaisse à 40% de MG
- 30 g de beurre
- 40 cl de vin blanc
- 1 cuillerée à soupe de Grand Marnier®
- Sel et poivre du moulin
- Piques en bois

MENU ÉPIPHANIE

Accompagnement

Darphins de panais

Panais = légumes, plantes

Préchauffez le four à 200 °C (th. 6-7).

Pelez et râpez les panais.

Dans un saladier, mélangez les panais avec les œufs et la crème. Salez et poivrez.

Façonnez six galettes avec ce mélange.

Dans une poêle antiadhésive, faites dorer les Darphins dans le beurre et l'huile à feu moyen pendant 3 minutes de chaque côté.

Déposez-les sur la plaque du four recouverte d'un tapis en silicone ou de papier sulfurisé.

Mettez au four pendant 10 minutes.

Ingrédients

Pour 6 personnes

- 4 panais (600 g)
- 3 œufs
- 80 g de crème fraîche épaisse à 40 % de MG
- 20 g de beurre
- 1 cuillerée à soupe d'huile de tournesol
- Sel et poivre du moulin

MENU ÉPIPHANIE

Dessert

Galette des Rois

Pour la crème pâtissière, portez à ébullition dans une casserole le lait avec la vanille.

Dans un saladier, à l'aide d'un fouet, mélangez le jaune d'œuf avec le sucre et la Maïzena®. Incorporez-y petit à petit le lait chaud.

Reversez l'ensemble dans la casserole et remettez à feu doux.

Mélangez jusqu'à épaississement. Retirez du feu. Ajoutez le beurre et le rhum. Mélangez.

Pour la crème d'amande, mélangez dans un saladier, à l'aide d'une cuillère en bois, le sucre glace avec la poudre d'amande et la Maïzena®. Ajoutez le beurre fondu ainsi que l'œuf. Incorporez enfin la crème pâtissière et laissez refroidir le tout.

Préchauffez le four à 200 °C (th. 6-7).

Déroulez un disque de pâte feuilletée sur la plaque du four recouverte d'un tapis en silicone ou de papier sulfurisé.

À l'aide d'un pinceau, humectez de lait le bord de la pâte sur environ 3 cm. Étalez la frangipane sur toute la surface en laissant libre le bord humecté. Mettez la fève. Posez le deuxième disque par-dessus et soudez bien les bords avec les doigts.

À l'aide d'un pinceau, dorez le dessus de la galette avec un peu de lait puis quadrillez la surface à l'aide d'une fourchette. Faites une légère entaille au milieu afin que la galette ne lève pas trop.

Mettez au four pendant 25 minutes jusqu'à ce que la galette soit bien dorée. Servez tiède ou froid.

LE SECRET DE Sophie

Pour rendre ma galette plus brillante, je la saupoudre de sucre glace quelques minutes avant la fin de la cuisson. Selon mes envies, j'ajoute à la frangipane du chocolat ou des fruits. Et pour la fève, j'achète une bague pas chère.

Ingrédients

Pour 6/8 personnes

- 2 pâtes feuilletées pur beurre prêtes à dérouler
- Un peu de lait
- Une fève

Pour la crème pâtissière

- 15 cl de lait demi-écrémé
- 10 g de Maïzena®
- 30 g de sucre en poudre
- 1 jaune d'œuf
- 1/2 cuillerée à café de vanille en poudre Vahiné®
- 15 g de beurre
- 1 cuillerée à soupe de rhum

Pour la crème d'amande

- 60 g de beurre fondu
- 90 g de sucre glace
- 100 g d'amandes en poudre
- 5 g de Maïzena®
- 1 œuf

Menu de la semaine

deux

Apéritif

Bonbons de pruneaux et bananes au lard

Plat

Crumble de cabillaud aux oignons

Accompagnement

Riz aux herbes

Dessert

Tarte double citron

Apéritif

Bonbons de pruneaux et bananes au lard

Préchauffez le four à 200 °C (th. 6-7).

Épluchez les bananes et coupez-les en six morceaux en biseau.

Coupez en deux dans la longueur les tranches de poitrine fumée.

Enroulez chacune de ces tranches autour d'un pruneau ou d'un morceau de banane.

Réalisez six brochettes en intercalant sur chaque pique deux pruneaux et deux bananes.

Disposez-les sur la plaque du four recouverte d'un tapis en silicone ou de papier sulfurisé.

Mettez au four pendant 10 minutes jusqu'à ce que le lard soit bien grillé.

L'ASTUCE DÉCO DE SOPHIE

Déposez vos brochettes dans un verre.

Ingrédients

Pour 6 personnes

- 12 tranches fines de poitrine fumée / ou tranches de lard
- 12 pruneaux moelleux dénoyautés
- 2 bananes pas trop mûres
- 6 brochettes

Plat

Crumble de cabillaud aux oignons

Préchauffez le four à 200 °C (th. 6-7).

Pour le crumble, mélangez la farine avec le thym et le beurre bien froid. Malaxez le tout au robot ou à la main jusqu'à ce que la pâte devienne sableuse.

Disposez la pâte sur la plaque du four recouverte d'un tapis en silicone ou de papier sulfurisé. Mettez au four pendant 15 minutes, en mélangeant le crumble durant la cuisson. Laissez refroidir.

Pendant ce temps, faites revenir les oignons dans l'huile à feu moyen pendant 5 minutes. Ajoutez les raisins, le gingembre, le cumin, le jus du citron et le bouillon.

Faites revenir le tout pendant 20 minutes.

Salez et poivrez les dos de cabillaud.

Posez-les sur la plaque du four recouverte d'un tapis en silicone ou de papier sulfurisé et mettez-les au four pendant 10 minutes à 200 °C (th. 6-7).

Posez chaque dos de cabillaud sur les assiettes, répartissez les oignons sur le dessus puis parsemez de crumble.

Servez aussitôt accompagné de riz.

Ce plat se sert chaud mais vous pouvez également le manger à température ambiante.

Ingrédients

Pour 6 personnes

- 6 dos de cabillaud de 150 g chacun
- Sel et poivre du moulin

Pour le crumble

- 60 g de farine
- 50 g de beurre demi-sel
- 1 cuillerée à café de thym ou d'origan

Pour la garniture

- 3 oignons finement émincés
- 50 g de raisins blonds
- 2 cuillerées à café de gingembre en poudre
- 1 cuillerée à café de cumin en grains
- 60 cl de bouillon de volaille (60 cl d'eau bouillante + 3 cubes de bouillon de volaille)
- 4 cuillerées à soupe d'huile d'olive
- Le jus de 1 citron

Accompagnement

Riz aux herbes

Dans une grande casserole d'eau bouillante salée, faites cuire le riz selon les indications du paquet.

Pendant ce temps, pelez la carotte et coupez-la en dés. Coupez également la courgette en dés sans l'éplucher.

Dans une sauteuse, faites revenir dans l'huile et le beurre à feu moyen les dés de carotte et de courgette avec l'ail et l'échalote pendant 10 minutes. Salez et poivrez. Ajoutez les raisins blonds et la coriandre.

Une fois que le riz est cuit, égouttez-le et mélangez-le aux légumes.

Goûtez et rectifiez l'assaisonnement si nécessaire.

L'USTENSILE GAIN DE TEMPS DE SOPHIE
Depuis que j'en ai fait l'acquisition, je ne peux plus me passer de mon cuiseur à riz. Je ne cuis donc plus le riz à l'eau. Essayez-le, votre riz y gagnera en saveurs. De plus, il se gardera au chaud pendant 2 heures.

Ingrédients

Pour 6 personnes

- 400 g de riz thaï ou basmati
- 1 carotte
- 1 courgette
- 1 gousse d'ail hachée
- 1 échalote hachée
- 50 g de raisins blonds
- 3 cuillerées à soupe de coriandre ciselée
- 40 g de beurre
- 2 cuillerées à soupe d'huile d'olive
- Sel et poivre du moulin

Dessert

Tarte double citron

Préchauffez le four à 200 °C (th. 6-7).

Étalez la pâte dans un moule à manqué antiadhésif de 20 cm de diamètre. Mettez au frigo le temps de la préparation.

Commencez par préparer la garniture en mélangeant, dans un saladier, le sucre et les œufs. Ajoutez le beurre fondu avec le zeste et le jus des citrons.

Versez la préparation sur le fond de la tarte et mettez à cuire au four pendant 10 minutes à 200 °C puis 20 minutes à 180 °C (th. 6).

Sortez la tarte du four. Attendez qu'elle refroidisse un peu avant de la démouler sur une grille.

Pendant ce temps, préparez la crème au citron.

Dans une casserole, faites fondre le beurre à feu moyen. Incorporez le sucre, le jus et le zeste des citrons. Ajoutez les œufs entiers et un jaune d'œuf préalablement battus. À l'aide d'un fouet, mélangez à feu moyen la préparation jusqu'à épaississement comme une crème pâtissière. Laissez refroidir.

Pour la meringue, battez les blancs en neige lentement au batteur électrique. Au bout de 5 minutes, incorporez le sucre petit à petit, en pluie, tout en continuant à battre doucement. En les montant ainsi, ils seront bien fermes. Consacrez presque 15 minutes à cette opération.

Une fois que la tarte et la crème au citron sont froides, posez la tarte sur une assiette de présentation. Étalez la crème au citron par-dessus puis, à l'aide d'une poche à douille avec une douille cannelée, couvrez entièrement la tarte de meringue.

À l'aide d'un chalumeau, dorez toute la meringue.

L'ASTUCE DÉCO DE SOPHIE

Entourez la tarte double citron d'un joli ruban jaune et décorez-la de faux citrons et de marguerites en sucre ou en fleur.

Ingrédients

Pour 6 personnes

- 1 pâte sablée prête à dérouler

Pour la garniture

- Le jus et le zeste de 2 citrons jaunes
- 4 œufs
- 200 g de sucre en poudre
- 100 g de beurre demi-sel

Pour la crème au citron

- Le jus et le zeste de 2 citrons jaunes
- 2 œufs
- 1 jaune d'œuf
- 50 g de beurre
- 110 g de sucre

Pour la meringue

- 6 blancs d'œufs (210 g)
- 60 g de sucre en poudre

La Maison

Menu de la semaine

trois

MENU EXOTIQUE

Apéritif

Salade de porc à la menthe

Entrée

Galettes de crabe

Plat

Cuisses de canard et patates douces

Dessert

Ananas caramélisé à la vanille et au rhum

La Maison

MENU EXOTIQUE

Apéritif

Salade de porc à la menthe

Pelez et émincez finement l'oignon rouge, l'échalote et le petit oignon avec le vert.

Dans une casserole, portez à ébullition le bouillon puis faites-y pocher le porc haché jusqu'à évaporation presque totale du liquide.

Ajoutez le persil, la coriandre, le petit oignon, l'oignon rouge, l'échalote et le riz broyé. Laissez cuire 3 minutes sur feu moyen.

Versez le jus de citron, le nuoc-mâm et le sucre. Laissez cuire encore 1 à 2 minutes.

Répartissez la préparation dans des verrines et décorez de feuilles de menthe.

LE CONSEIL DE SOPHIE

Vous trouverez le riz broyé dans des épiceries asiatiques.

Ingrédients

Pour 6 personnes

- 350 g de porc haché
- 2 cuillerées à soupe de riz broyé
- 1 oignon botte
- 1 petit oignon rouge (100 g)
- 1 échalote
- 3 cuillerées à soupe de persil plat haché
- 3 cuillerées à soupe de coriandre ciselée
- 50 cl de bouillon de bœuf (50 cl d'eau bouillante + 2 cubes de bouillon de bœuf)
- Le jus de 1 citron vert
- 2 cuillerées à soupe de nuoc-mâm
- 1 cuillerée à soupe de sucre en poudre

Pour la déco

- Une douzaine de feuilles de menthe

MENU EXOTIQUE

Entrée

Galettes de crabe

× Worcestershire sauce : Condiment, sauce piquante

Préchauffez le four à 210 °C (th. 7).

Dans un saladier, mélangez la moutarde avec la Worcestershire sauce, les herbes, l'œuf, l'échalote, l'ail, le zeste de citron et la mayonnaise.

Ajoutez le crabe égoutté ainsi que le pain de mie émietté. Salez, poivrez et mélangez.

Façonnez avec vos mains des petites galettes de crabe d'environ 90 g.

Dans une poêle antiadhésive, faites dorer les galettes dans l'huile chaude à feu moyen pendant 1 minute de chaque côté.

Déposez les galettes sur la plaque du four recouverte d'un tapis en silicone ou de papier sulfurisé et mettez au four pendant 10 minutes.

Servez accompagné d'une salade verte ou de riz.

LE CONSEIL DE SOPHIE
Je prépare ces galettes à l'avance et je les garde au chaud dans le four à 90 °C (th. 3).

Ingrédients

Pour 6 galettes

- 365 g de chair de crabe égouttée en morceaux Nautilus®
- 1 échalote hachée
- 1 gousse d'ail hachée
- 1 œuf
- 2 tranches de pain de mie sans croûte
- 1 cuillerée à soupe de moutarde forte
- × 1 cuillerée à soupe de Worcestershire sauce
- 2 cuillerées à soupe de mayonnaise
- Le zeste de 1 citron jaune
- 3 cuillerées à soupe d'huile de tournesol
- 4 cuillerées à soupe d'herbes hachées (estragon, persil, ciboulette…)
- Sel et poivre du moulin

MENU EXOTIQUE

Plat

Cuisses de canard et patates douces

Dans une cocotte, faites dorer à feu moyen les cuisses de canard pendant 3 minutes de chaque côté en commençant côté peau.

Pelez et émincez les oignons et l'ail.

Ajoutez-les dans la cocotte avec le thym, la cannelle, le cumin et le miel. Salez et poivrez. Mélangez et faites revenir pendant 3 minutes.

Versez le bouillon. Couvrez et laissez mijoter à feu doux pendant 40 minutes.

Pelez et coupez les patates douces en morceaux d'environ 1 cm d'épaisseur.

Ajoutez-les dans la cocotte 10 minutes avant la fin de la cuisson et laissez cuire à feu vif sans couvrir.

Ingrédients

Pour 6 personnes

- 6 cuisses de canard
- 3 patates douces rouges (1 kg)
- 3 oignons (300 g)
- 2 gousses d'ail
- 1 branche de thym
- 60 cl de bouillon de volaille (60 cl d'eau bouillante + 2 cubes de bouillon de volaille)
- 4 cuillerées à soupe de miel liquide
- 1 cuillerée à café de cannelle en poudre
- 1 cuillerée à café de cumin en grains
- Sel et poivre du moulin

MENU EXOTIQUE

Dessert

Ananas caramélisé à la vanille et au rhum

Pelez l'ananas. Coupez-le en tranches de 1 cm environ et retirez le cœur.

Dans un bol, clarifiez 80 g de beurre.

Fendez la gousse de vanille en deux et grattez les graines. Incorporez-les au reste de beurre.

Dans une poêle antiadhésive, faites dorer les tranches d'ananas 5 minutes de chaque côté dans le beurre clarifié. Mettez de côté les tranches d'ananas et jetez le gras.

Versez dans la poêle le rhum et le sucre. Mélangez et laissez mijoter 2 minutes à feu moyen.

Hors du feu, à l'aide d'un fouet, incorporez le beurre vanillé petit à petit.

Posez les tranches d'ananas sur des assiettes.

Nappez-les de sauce et posez une boule de glace coco par-dessus.

LE CONSEIL DE SOPHIE

Pour clarifier du beurre, il faut le faire fondre dans une casserole à feu doux sans remuer. La caséine (protéine du lait) forme une mousse en surface. Sous cette caséine se trouve le corps gras (lipides) et en dessous le petit-lait. Ôtez la mousse à l'aide d'une écumoire, récupérez le corps gras en le versant délicatement dans un autre récipient tout en veillant à bien laisser au fond le petit-lait. Vous obtenez un beurre clarifié qui a l'avantage de supporter des températures élevées.

Ingrédients

Pour 6 personnes

- 1 ananas
- 150 g de beurre mou
- 1 gousse de vanille
- 30 g de sucre en poudre
- 3 cuillerées à soupe de rhum brun
- 1/2 l de glace coco

Menu de la semaine

quatre

Apéritif

Ktipiti

Plat

Pintade au miel

Accompagnement

Taboulé de chou-fleur aux oignons

Dessert

Puits d'amour

Apéritif

Ktipiti

Dans une poêle antiadhésive, faites griller à feu vif et sans matière grasse les pignons de pin. Attention, cela va très vite !

Avec un épluche-tomate, pelez le poivron. Épépinez-le et coupez-le en petits dés.

Dans un bol, écrasez la feta. Ajoutez les yaourts, l'huile d'olive, l'ail, les pignons de pin, les dés de poivron et le paprika. Salez, poivrez et mélangez.

Mettez au frais jusqu'au moment de servir.

Servez accompagné de toasts ou de gressins.

L' USTENSILE GAIN DE TEMPS DE SOPHIE

Avant, je devais mettre mon poivron dans le four pour en faciliter l'épluchage.
Maintenant, à l'aide de l'épluche-tomate, vous pouvez peler tous les légumes et fruits à peau fine sans aucun souci.

L'ASTUCE DÉCO DE SOPHIE

Vous pouvez servir votre ktipiti dans un poivron évidé.

Ingrédients

Pour 6 personnes

- 125 g de feta
- 2 yaourts grecs
- 1 poivron rouge
- 1 gousse d'ail hachée
- 2 cuillerées à soupe d'huile d'olive
- 1 cuillerée à café de paprika
- 20 g de pignons de pin
- Sel et poivre du moulin

Plat

Pintade au miel

Mettez les raisins secs à tremper dans de l'eau tiède.

Mettez les petits-suisses et un bâton de cannelle à l'intérieur de la pintade. Salez et poivrez.

Pelez et coupez les pommes en quatre.

Dans une cocotte, faites dorer la pintade dans le beurre et l'huile à feu moyen pendant 10 minutes en la retournant de tous les côtés.

Jetez le beurre de cuisson et mettez le reste des bâtons de cannelle dans le fond de la cocotte. Déposez la pintade par-dessus avec le miel et les quartiers de pomme.

Couvrez et laissez cuire pendant 45 minutes à feu doux.

Ajoutez les raisins secs égouttés 15 minutes avant la fin de la cuisson.

Servez les morceaux de pintade accompagnés de la compote de pommes-raisins.

LE SECRET DE Sophie

Une demi-heure avant de passer à table, je découpe la pintade et je la remets dans la cocotte recouverte d'un papier d'aluminium et de son couvercle. Ainsi elle sera maintenue au chaud et ne se desséchera pas.

Ingrédients

Pour 6 personnes

- 1 pintade fermière
- 4 pommes vertes granny smith
- 2 petits-suisses
- 100 g de raisins blonds
- 25 g de beurre
- 1 cuillerée à soupe d'huile de tournesol
- 3 cuillerées à soupe de miel liquide
- 5 bâtons de cannelle
- Sel et poivre du moulin

LE CREUSET

Accompagnement

Taboulé de chou-fleur aux oignons

Coupez le chou-fleur en fleurette de façon à récupérer toutes les têtes.

À l'aide d'un hachoir, mixez en semoule toutes les têtes du chou-fleur.

Dans une sauteuse, faites revenir les oignons dans l'huile à feu doux pendant 10 minutes.

Ajoutez la semoule de chou-fleur, le persil et le paprika.

Faites revenir le tout pendant 5 minutes à feu moyen.

Goûtez et rectifiez l'assaisonnement si nécessaire.

Ingrédients

Pour 6 personnes

- 1 chou-fleur
- 2 oignons émincés
- 2 cuillerées à soupe de persil plat haché
- 1 cuillerée à café de paprika
- 2 cuillerées à soupe d'huile d'olive
- Sel et poivre du moulin

Dessert

Puits d'amour

Dans une casserole, portez le lait à ébullition.

Dans un saladier, fouettez les œufs entiers et les jaunes avec 30 g de sucre. Incorporez la farine et la vanille.

Versez le lait petit à petit en fouettant sans arrêt puis reversez le tout dans la casserole.

Faites cuire à feu doux sans cesser de fouetter jusqu'à épaississement.

Laissez refroidir et mettez au frigo.

Préchauffez le four à 200 °C (th. 6-7).

Étalez la pâte sur le plan de travail.

À l'aide d'une petite assiette ou d'un découpoir de 12 cm de diamètre, découpez six ronds dans la pâte.

Garnissez de pâte votre moule à muffins en silicone de 7 cm de diamètre.

Recouvrez la pâte de papier sulfurisé et remplissez de haricots secs.

Mettez au four pendant 15 minutes.

Retirez le papier et les haricots et laissez refroidir sur une grille.

Dans une casserole, mettez 90 g de sucre avec 4 cuillerées à soupe d'eau à feu moyen. Faites cuire sans remuer jusqu'à l'obtention d'un caramel blond.

Garnissez les coupelles de pâte feuilletée de crème froide, puis versez délicatement le caramel encore chaud dessus : le contraste des températures doit faire durcir le caramel de façon instantanée.

LE SECRET DE Sophie

Pour éviter que la crème pâtissière ne forme une peau sur le dessus, je la couvre d'un peu de beurre fondu puis d'un film alimentaire.

Ingrédients

Pour 6 personnes

- 1 pâte feuilletée pur beurre prête à dérouler
- 2 œufs entiers + 3 jaunes
- 120 g de sucre en poudre
- 20 g de farine
- 30 cl de lait entier ou demi-écrémé
- 1/2 cuillerée à soupe de vanille en poudre

Menu de la semaine

cinq

Entrée

Millefeuilles croustillants au livarot

Plat

Lapin à la moutarde

Accompagnement

Macaronis au parmesan

Dessert

Tarte Tatin

Entrée

Millefeuilles croustillants au livarot

Découpez vingt-quatre rectangles de 10 x 5 cm dans les feuilles de brick.

Coupez douze tranches de livarot sans la croûte d'environ 7 cm.

Posez une tranche de livarot sur deux rectangles de brick puis recouvrez-la de deux autres rectangles.

Badigeonnez le tout avec les jaunes d'œufs battus avec un peu d'eau.

Répétez l'opération pour les onze autres tranches de livarot. Mettez au frigo.

Dans une poêle antiadhésive, faites revenir dans le beurre les échalotes avec un peu de sel pendant 5 minutes à feu doux.

Versez le cidre, la crème fraîche et faites-y fondre les chutes de livarot.

Gardez la sauce au chaud dans un thermos ou au bain-marie.

Préchauffez le four à 180 °C (th. 6).

Coupez le bout terreux des champignons. Passez-les sous l'eau froide pour les nettoyer, essuyez-les et émincez-les. Lavez les poireaux et émincez-les finement sur la longueur.

Dans une poêle antiadhésive, faites revenir les poireaux et les champignons dans l'huile à feu moyen pendant 10 minutes.

Déposez les bricks de livarot sur la plaque du four recouverte d'un tapis en silicone ou de papier sulfurisé et mettez-les au four pendant 10 minutes.

À la sortie du four, ramenez le livarot fondu vers les bords de la feuille de brick et laissez durcir le tout 5 minutes.

Dressez chaque millefeuille en intercalant une cuillerée de légumes entre deux bricks de livarot.

Nappez de sauce et servez aussitôt.

Ingrédients

Pour 6 personnes

- 1 livarot
- 4 poireaux
- 200 g de champignons de Paris
- 2 échalotes émincées
- 12 feuilles de brick
- 2 jaunes d'œufs
- 40 g de beurre
- 2 cuillerées à soupe d'huile d'olive
- 100 g de crème fraîche épaisse à 40 % de MG
- 10 cl de cidre
- Sel

Plat

Lapin à la moutarde

Dans un bol, mélangez les moutardes avec l'estragon. Ajoutez le vin et mélangez.

Dans un sac Ziploc®, mettez les morceaux de lapin et arrosez-les avec le contenu du bol. Fermez le sac, mélangez puis laissez mariner 1 heure au moins à température ambiante.

Égouttez les morceaux de lapin en conservant la marinade.

Dans une sauteuse, faites dorer la viande dans le beurre et l'huile à feu moyen pendant 3 minutes de chaque côté. Lorsqu'elle est dorée, versez le vinaigre et ajoutez les petits oignons surgelés ainsi que la marinade. Ajoutez 5 cl d'eau.

Salez, poivrez et laissez cuire à couvert pendant 40 minutes environ à feu doux jusqu'à ce que la viande soit tendre.

Retirez les morceaux de lapin en les couvrant d'un papier d'aluminium pour les maintenir au chaud.

Versez la crème fraîche dans la sauteuse et laissez réduire à feu vif jusqu'à ce que la sauce épaississe.

Répartissez les morceaux de lapin dans les assiettes puis nappez de sauce.

Décorez de feuilles d'estragon et servez aussitôt accompagné de macaronis.

LE SECRET DE Sophie

Je n'emploie pas d'oignons grelots frais mais surgelés car il faut beaucoup de temps pour les éplucher.

Ingrédients

Pour 6 personnes

- 6 râbles de lapin
- 6 cuisses de lapin
- 24 petits oignons grelots surgelés
- 3 cuillerées à soupe d'estragon haché + quelques feuilles pour la déco
- 3 cuillerées à soupe de moutarde forte
- 3 cuillerées à soupe de moutarde à l'ancienne
- 300 g de crème fraîche épaisse à 40 % de MG
- 15 cl de vin blanc
- 1 cuillerée à soupe de vinaigre balsamique
- 60 g de beurre
- 1 cuillerée à soupe d'huile de tournesol
- Sel et poivre du moulin

Accompagnement

Macaronis au parmesan

X Faitout : marmite, cocotte

Dans une casserole, faites fondre 45 g de beurre puis ajoutez la farine.

Faites cuire à feu doux en remuant constamment à l'aide d'une cuillère en bois pendant 2 minutes.

Ajoutez le lait froid d'un seul coup puis, à l'aide d'un fouet mélangez vigoureusement pour éviter les grumeaux.

Laissez cuire à feu doux pendant environ 3 minutes jusqu'à ce que la sauce épaississe.

Ajoutez la crème fraîche et la moitié du parmesan. Salez et poivrez.

Tamponnez la surface de la béchamel avec le reste du beurre piqué au bout d'une fourchette et mettez de côté.

X Dans un faitout, portez à ébullition le bouillon de poule puis faites-y cuire les macaronis pendant 9 minutes.

Préchauffez le four à 180 °C (th. 6).

Mélangez les pâtes à la béchamel et versez le tout dans un plat à gratin.

Parsemez du reste de parmesan et mettez au four pendant 15 minutes. Servez aussitôt.

LE SECRET DE Sophie

Je fais souvent cuire mes pâtes dans du lait ou dans du bouillon car cela leur apporte un moelleux et un goût exceptionnel.

Ingrédients

Pour 6 personnes

- 400 g de macaronis
- 60 g de beurre
- 45 g de farine
- 75 cl de lait entier ou demi-écrémé
- 300 g de crème fraîche épaisse à 40 % de MG
- 100 g de parmesan râpé
- 2 l de bouillon de poule (2 l d'eau bouillante + 4 cubes de bouillon de poule)
- Fleur de sel et poivre du moulin

Dessert

Tarte Tatin

Pelez les pommes. Coupez-les en deux puis enlevez le cœur et les pépins avec un petit couteau.

Dans un moule à Tatin de 28 cm de diamètre, faites fondre le beurre avec le sucre à feu moyen. Quand le sucre commence à blondir, enlevez le moule du feu et disposez les demi-pommes debout bien serrées les unes contre les autres. Remuez pour bien les enrober. Saupoudrez de sucre vanillé.

Remettez le moule à feu doux et laissez cuire les pommes pendant 20 minutes jusqu'à ce qu'elles soient tendres et légèrement caramélisées. Enlevez le moule du feu et laissez refroidir.

Préchauffez le four à 200 °C (th. 6-7).

Quand les pommes sont froides, recouvrez-les des deux pâtes feuilletées. Faites glisser les pâtes entre les fruits et la paroi du moule en les poussant jusqu'au fond. Mettez au four pendant 25 minutes.

Servez cette tarte tiède ou froide en retournant le moule de façon à ce que les pommes se trouvent sur le dessus.

Accompagnez la tarte de crème fraîche épaisse et d'une boule de glace à la vanille.

LE CONSEIL DE SOPHIE

Vous pouvez ajouter à vos pommes 50 g de raisins blonds et 2 cuillerées à soupe de calvados.

LE SECRET DE Sophie

Je ne démoule pas la tarte à la sortie du four, j'attends qu'elle soit tiède. Avant sa cuisson, je fends d'une croix le milieu de la pâte pour que la chaleur puisse sortir.

Ingrédients

Pour 6/8 personnes

- 2 pâtes feuilletées prêtes à dérouler
- 1,8 kg de pommes (environ 12 pommes) type canada, reinette, elstar, gala, boskoop, melrose…
- 125 g de beurre demi-sel
- 125 g de sucre en poudre
- 1 sachet de sucre vanillé

Menu de la semaine

six

MENU CHANDELEUR

La base

Pâtes à crêpes

Apéritif

Roulés de crêpes

Pique-nique

Gâteau de crêpes salées

Goûter

Gâteau de crêpes sucrées

MENU CHANDELEUR

Apéritif

Roulés de crêpes

Tomates confites, St Môret® et coppa

Dans un bol, mélangez le fromage avec les tomates confites coupées en petits morceaux et la coppa détaillée en lamelles. Poivrez.

Jambon ail et fines herbes

Dans un bol, mélangez le fromage et le jambon coupé en lamelles.

Sardines beurre citron

Dans un bol, mettez les sardines égouttées. Avec une fourchette, écrasez-les avec le beurre, le jus de citron et la ciboulette.

Carpaccio de bœuf mimolette mayonnaise

Sortez vos tranches de carpaccio et de mimolette du frigo.

Après avoir réalisé pour chacun de ces roulés la première étape, voici la marche à suivre pour finaliser vos roulés :

Posez les crêpes au fur et à mesure sur le plan de travail.

Étalez une couche de la préparation sur chacune.

Roulez les crêpes assez serrées.

Découpez-les en tranches de 2 cm environ.

Maintenez chaque roulé avec une pique en bois.

Mettez au frigo pendant 30 minutes.

Ingrédients

Pour 3 crêpes salées roulées

Tomates confites, St Môret® et coppa

- 3 tranches de coppa
- 100 g de St Môret®
- 6 pétales de tomate confite
- Poivre

Jambon ail et fines herbes

- 2 tranches fines de jambon
- 100 g de fromage ail et fines herbes

Pour 2 crêpes salées roulées

Sardines beurre citron

- 1 boîte de sardines à l'huile
- Le jus de 1 citron jaune
- 30 g de beurre mou
- 2 cuillerées à soupe de ciboulette ciselée

Carpaccio de bœuf mimolette mayonnaise

- 16 tranches de carpaccio de bœuf
- 5 tranches fines de mimolette ou fromage de Hollande
- 2 cuillerées à soupe de mayonnaise

MENU CHANDELEUR

Pique-nique

Gâteau de crêpes salées

Posez le saumon sur une assiette, recouvrez-le de film alimentaire et faites-le cuire 3 minutes au micro-ondes à la puissance maximum. Laissez-le refroidir puis émiettez-le.

Émincez finement les petits oignons avec le vert.

Épluchez et coupez la carotte et le demi-concombre en julienne.

À l'aide d'un épluche-tomate, pelez la tomate et coupez-la en dés.

Dans un saladier, mélangez le saumon avec le crabe égoutté, les crevettes coupées en petits morceaux, les oignons, la carotte, la tomate et le concombre. Ajoutez les yaourts, la mayonnaise et les herbes. Salez, poivrez et mélangez.

Étalez un peu de ce mélange sur chaque crêpe, à l'exception de la dernière, en les empilant les unes sur les autres.

Appuyez un peu puis couvrez d'un film alimentaire et mettez au frigo jusqu'au lendemain.

Découpez comme un gâteau.

Ingrédients

Pour 12 personnes

- 15 crêpes salées
- 150 g de pavé de saumon
- 10 crevettes roses cuites et décortiquées
- 1 boîte de crabe en morceaux de 170 g net
- 3 petits oignons botte
- 1/2 concombre
- 1 tomate grappe
- 1 carotte
- 3 yaourts à la grecque
- 4 cuillerées à soupe d'herbes hachées (ciboulette, coriandre, persil, cerfeuil)
- 2 cuillerées à soupe de mayonnaise
- Sel et poivre du moulin

MENU CHANDELEUR

Goûter

Gâteau de crêpes sucrées

Dans une casserole, portez la crème à ébullition. Incorporez le chocolat coupé en morceaux. Mélangez et laissez refroidir.

Étalez un peu de ce mélange entre quatorze crêpes en les empilant les unes sur les autres.

Garnissez les six dernières avec le Nutella®.

Appuyez un peu puis couvrez d'un film alimentaire et mettez au frigo jusqu'au lendemain.

Découpez comme un gâteau.

Ce gâteau peut se déguster avec de la chantilly, des bananes, des poires, de la noix de coco…

LE SECRET DE Sophie

Je mets le Nutella® 30 secondes au micro-ondes pour le ramollir. Je passe ce gâteau de crêpes 20 secondes seulement au micro-ondes avant de le servir après l'avoir découpé.

Ingrédients

Pour 12 personnes

- 20 crêpes sucrées
- 6 cuillerées à soupe de Nutella®

Pour la ganache

- 200 g de chocolat noir
- 20 cl de crème liquide entière

Menu de la semaine

sept

SAINT-VALENTIN

Apéritif

Cuillères de langoustines à l'ananas

Entrée

Îles flottantes au saumon fumé

Plat

Pastilla de confit de canard

Dessert

Tourte d'amour aux myrtilles

SAINT-VALENTIN

Apéritif

Cuillères de langoustines à l'ananas

Coupez la tranche d'ananas en petits dés.

Émincez finement l'oignon.

À l'aide d'un épluche-tomate, pelez les tomates, coupez-les en deux, épépinez-les et coupez-les en petits dés.

Dans une poêle antiadhésive, faites cuire dans le beurre l'oignon et les dés de tomate à feu moyen pendant 5 minutes.

Versez le jus d'ananas et le jus de citron. Laissez réduire 5 minutes puis ajoutez les langoustines. Salez et poivrez.

Répartissez le tout dans des cuillères avec les dés d'ananas et décorez de cerfeuil.

Ingrédients

Pour 2 personnes

- 6 petites langoustines cuites et décortiquées
- 1 tranche d'ananas en boîte + 5 cl de jus
- 2 tomates grappe
- 1 petit oignon botte
- Le jus de 1/2 citron
- 20 g de beurre
- Sel et poivre du moulin

Pour la déco

- Quelques pluches de cerfeuil

SAINT-VALENTIN

Entrée

Îles flottantes au saumon fumé

Dans une casserole, portez le lait à ébullition puis versez-le petit à petit sur les jaunes d'œufs battus tout en fouettant. Poivrez.

Reversez la préparation dans la casserole et faites épaissir, sans laisser bouillir, en remuant constamment. Versez la crème dans un saladier et laissez refroidir.

À l'aide d'un batteur électrique, montez les blancs d'œufs en neige ferme.

Dans une large sauteuse, faites chauffer le fumet.

Avec deux cuillères à soupe, réalisez deux quenelles de blancs en neige.

Faites-les pocher 3 minutes dans le fumet frémissant en les retournant à mi-cuisson. Posez-les sur un linge et laissez refroidir.

À l'aide d'un mixer blender, mixez finement la crème anglaise froide avec le saumon fumé, l'échalote et la vodka. Poivrez, ajoutez les lentilles et mélangez.

Répartissez la crème dans deux coupes et posez dessus une île flottante.

Parsemez d'œufs de saumon et d'un peu de piment de Cayenne.

Servez bien frais.

Ingrédients

Pour 2 personnes

- 100 g de saumon fumé
- 2 cuillerées à soupe d'œufs de saumon
- 2 cuillerées à café de lentilles cuites
- 1 échalote émincée
- 4 jaunes d'œufs + 2 blancs
- 30 cl de lait entier ou demi-écrémé
- 50 cl de fumet de poisson (50 cl d'eau bouillante + 3 cuillerées à café de fumet de poisson)
- 1 cuillerée à soupe de vodka
- Piment de Cayenne en poudre
- Poivre du moulin

SAINT-VALENTIN

Plat

Pastilla de confit de canard

Préchauffez le four à 180 °C (th. 6).

Découpez dans les feuilles de brick douze cœurs à l'aide d'un emporte-pièce ou d'un gabarit d'environ 12 cm de diamètre. Badigeonnez chaque cœur de beurre fondu puis posez-les deux par deux sur la grille du four recouverte d'un tapis en silicone ou de papier sulfurisé. Mettez au four pendant 5 minutes.

Retirez le gras et la peau des cuisses de canard et effilochez la chair.

Dans une sauteuse, faites chauffer l'huile et 20 g de beurre à feu doux. Ajoutez la chair de canard avec l'échalote et faites revenir pendant 3 minutes.

Ajoutez le miel, le jus des oranges, les amandes, le quatre-épices puis l'œuf. Mélangez, salez et poivrez. Laissez mijoter à feu doux pendant 5 minutes.

Ajoutez les herbes et mélangez.

Répartissez sur deux cœurs de feuilles de brick la moitié de la garniture. Recouvrez de deux autres cœurs de feuilles de brick. Répartissez le reste de la garniture et finissez par les deux dernières feuilles de brick. Répétez l'opération pour la seconde pastilla.

Mettez le tout au four pendant 3 minutes.

Répartissez chaque millefeuille sur les assiettes et saupoudrez de sucre glace.

Servez aussitôt.

LE CONSEIL DE SOPHIE

Vous réussirez plus facilement à retirer le gras des cuisses de canard en les passant 1 minute au micro-ondes.

Ingrédients

Pour 2 personnes

- 2 cuisses de canard confit
- 4 feuilles de brick
- 1 échalote émincée
- Le jus de 2 oranges (20 cl)
- 20 g d'amandes hachées
- 2 cuillerées à soupe de miel liquide
- 40 g de beurre
- 1 cuillerée à café de quatre-épices
- 1 œuf
- 2 cuillerées à soupe d'herbes hachées (cerfeuil, persil, coriandre…)
- 1 cuillerée à soupe d'huile d'olive
- Sel et poivre du moulin
- Sucre glace pour la déco

SAINT-VALENTIN

Dessert

Tourte d'amour aux myrtilles

Préchauffez le four à 200 °C (th. 6-7).

Dans un bol, mélangez tous les ingrédients de la crème d'amande.

Déroulez la première pâte sablée dans un moule à manqué antiadhésif de 20 cm de diamètre.

Étalez sur le fond la crème d'amande. Versez les myrtilles par-dessus.

Recouvrez la tourte avec la seconde pâte et badigeonnez le tout de jaune d'œuf battu avec un peu d'eau.

Mettez au four pendant 35 minutes.

Dégustez tiède accompagné d'une glace à la vanille.

LE CONSEIL DE SOPHIE

Si vous utilisez des myrtilles surgelées, ne les décongelez pas avant de vous en servir.

L'ASTUCE DÉCO DE SOPHIE

À l'aide d'un emporte-pièce en forme de cœur, découpez dans la seconde pâte autant de cœurs que vous pouvez et disposez-les en rosace sur la compote afin de recouvrir entièrement la tarte.

Ingrédients

Pour 2 personnes

- 2 pâtes sablées pur beurre prêtes à dérouler
- 450 g de myrtilles fraîches ou surgelées
- 1 jaune d'œuf

Pour la crème d'amande

- 50 g de sucre glace
- 50 g de poudre d'amande
- 50 g de beurre demi-sel fondu
- 1 œuf

Menu de la semaine

huit

MENU SKI

Apéritif

Mini-aumônières de jambon aux poires

Entrée

Crème de lentilles au lard et à l'huile de noix

Plat

Risotto au beaufort et aux champignons

Dessert

Tarte à l'ananas et noix de coco

Apéritif

Mini-aumônières de jambon aux poires

Dans une casserole, portez à frémissement le vinaigre et le sucre.

Ajoutez la poire coupée en petits dés, poivrez et laissez mijoter à feu doux pendant 10 minutes. Laissez refroidir.

Étalez les tranches de jambon de Parme, retirez le gras et coupez-les en deux.

Coupez en dés la tomme et répartissez-les au centre des tranches de jambon.

Nouez les tranches en aumônières avec les brins de ciboulette.

Sur un toast, déposez les dés de poire puis l'aumônière.

Ingrédients

Pour 6 personnes

- 9 fines tranches de jambon de Parme (180 g)
- 1 poire
- 80 g de tomme de Savoie
- 2 cuillerées à soupe de sucre
- 18 longs brins de ciboulette
- 3 cuillerées à soupe de vinaigre balsamique
- Poivre du moulin
- 6 toasts

MENU SKI

Entrée

Crème de lentilles au lard et à l'huile de noix

Épluchez et émincez les carottes et les oignons.

Dans un faitout, faites dorer les lardons avec les oignons et les carottes dans l'huile d'olive à feu vif pendant 5 minutes.

Salez légèrement et poivrez.

Versez les lentilles et le bouillon de légumes.

Dès l'ébullition, mélangez et laissez mijoter sans couvrir et à feu doux pendant 30 minutes.

À l'aide d'un mixer blender, mixez le tout 30 secondes.

Goûtez et rectifiez l'assaisonnement si nécessaire.

Répartissez la crème dans les assiettes et arrosez d'un filet d'huile de noix.

Décorez de tranches de poitrine grillées et de cerfeuil.

Ingrédients

Pour 6 personnes

- 100 g de lardons fumés
- 300 g de lentilles vertes du Puy
- 2 carottes
- 2 oignons
- 1,5 l de bouillon de légumes (1,5 l d'eau bouillante + 3 cubes de bouillon de légumes)
- 1 cuillerée à soupe d'huile d'olive
- 2 cuillerées à café d'huile de noix
- Sel et poivre du moulin

Pour la déco

- 6 tranches fines de poitrine fumée
- 6 brins de cerfeuil

MENU SKI

Plat

Risotto au beaufort et aux champignons

Pour la garniture, retirez le bout terreux des champignons puis brossez-les sous l'eau froide, essuyez-les et coupez-les en deux.

Dans une sauteuse, faites dorer les champignons dans l'huile chaude pendant 5 minutes environ. Salez, poivrez, parsemez de persil, mélangez et réservez.

Dans une sauteuse, faites revenir l'oignon dans l'huile à feu doux avec un peu de sel pendant 2 minutes.

Ajoutez le riz et mélangez pendant 2 minutes sans cesser de remuer.

Versez le vin blanc et mélangez. Laissez réduire jusqu'à ce qu'il n'y ait plus de liquide.

Versez en une seule fois tout le bouillon chaud. Mélangez et laissez cuire à feu doux pendant 19 minutes en remuant de temps en temps.

Quand votre riz est cuit et qu'il n'y a presque plus de liquide, incorporez le beurre et le beaufort. Poivrez.

Répartissez le risotto dans des bols accompagné des champignons.

LE CONSEIL DE SOPHIE

Un risotto se cuit précisément 19 minutes.

LE SECRET DE Sophie

Normalement, un risotto se cuit en versant le bouillon petit à petit. Pour ma part, je le verse en une seule fois, gain de temps assuré !

Ingrédients

Pour 6 personnes

- 240 g de riz arborio ou rond
- 1 oignon haché
- 100 g de beaufort râpé
- 50 g de beurre
- 50 cl de bouillon de volaille (50 cl d'eau bouillante + 2 cubes de bouillon de volaille)
- 15 cl de vin blanc
- 3 cuillerées à soupe d'huile d'olive
- Sel et poivre du moulin

Pour la garniture

- 500 g de champignons de votre choix (cèpes, girolles, pleurotes, trompettes-de-la-mort…)
- 3 cuillerées à soupe d'huile d'olive
- 3 cuillerées à soupe de persil haché
- Sel et poivre du moulin

MENU SKI

Dessert

Tarte à l'ananas et noix de coco

Préchauffez le four à 180 °C (th. 6).

Étalez la pâte sablée dans un moule à tarte de 26 cm de diamètre. Posez un papier sulfurisé (celui de la pâte) dessus avec des haricots secs. Mettez au four pendant 25 minutes.

Retirez le papier ainsi que les haricots et laissez refroidir la tarte sur une grille.

Pendant ce temps, dans une casserole, faites chauffer le lait de coco.

Dans un saladier, à l'aide d'un fouet, mélangez les jaunes d'œufs avec le sucre et la Maïzena®.

Versez le lait de coco petit à petit sur le mélange puis reversez le tout dans la casserole.

Remettez à feu moyen et remuez jusqu'à ce que le mélange épaississe. Laissez refroidir.

Ajoutez la crème fraîche à la préparation.

Pelez l'ananas, coupez-le en rondelles fines puis retirez le cœur à l'aide d'un petit verre ou d'un découpoir. Coupez les tranches en deux.

Étalez la garniture sur le fond de tarte puis répartissez les demi-rondelles d'ananas.

Parsemez de noix de coco et dégustez.

Ingrédients

Pour 6 personnes

- 1 pâte sablée pur beurre prête à dérouler
- 1 ananas ou 2 ananas Victoria
- 30 g de noix de coco râpée en copeaux Vahiné®

Pour la garniture

- 40 cl de lait de coco
- 4 jaunes d'œufs
- 50 g de sucre en poudre
- 20 g de Maïzena®
- 150 g de crème fraîche épaisse à 40 % de MG

Menu de la semaine

neuf

MENU ANNIVERSAIRE

Entrée

Crackers à la truite fumée et pomme verte

Plat

Rôti de bœuf

Accompagnement

Fricassée de légumes

Dessert

Éclairs au chocolat

MENU ANNIVERSAIRE

Entrée

Crackers à la truite fumée et pomme verte

Dans un bol, mélangez la crème fraîche avec la moutarde.

Coupez la pomme en deux et retirez le cœur. Coupez-la en vingt-quatre tranches.

Étalez un peu de crème à la moutarde sur les crackers puis répartissez la truite fumée découpée en lamelles ainsi que les tranches de pomme.

Poivrez, décorez de brins d'aneth et dégustez aussitôt.

Ingrédients

Pour 6 personnes

- 6 tranches de truite fumée
- 1 pomme verte granny smith
- 6 crackers Wasa®
- 150 g de crème fraîche épaisse à 40 % de MG
- 2 cuillerées à café de moutarde forte
- Poivre du moulin
- 6 brins d'aneth pour la déco

MENU ANNIVERSAIRE

Plat

Rôti de bœuf

Sortez la viande 2 heures avant à température ambiante.

Préchauffez le four à 200 °C (th. 6-7).

Dans une cocotte, faites dorer le rôti de bœuf sur chaque face dans 20 g de beurre et l'huile à feu vif. Ajoutez les oignons pelés et coupés en quatre. Poivrez et parsemez de thym.

Mettez le rôti au four pendant 25 minutes et veillez à ce que les oignons ne brûlent pas en ajoutant de temps en temps une cuillerée à soupe d'eau.

À la sortie du four, déposez le rôti 10 minutes sur un plat recouvert d'un papier d'aluminium pour le détendre et retirez le gras de la cocotte.

Remettez la cocotte sur le feu puis versez-y l'eau bouillante tout en grattant bien les sucs au fond à l'aide d'une cuillère en bois. Incorporez le reste de beurre petit à petit.

Versez le jus rendu par le rôti de bœuf dans la sauce et mélangez.

Découpez le rôti, parsemez de fleur de sel et servez aussitôt accompagné de la sauce.

LE CONSEIL DE SOPHIE

Comptez 10 minutes de cuisson par 500 g de viande.

LE SECRET DE Sophie

Je ne sale jamais mes viandes rouges avant de les cuire car cela permet au sang de rester à l'intérieur. En revanche, j'aime parsemer la viande de fleur de sel avant de la servir.

Ingrédients

Pour 6 personnes

- 1 rôti de bœuf de 1,2 kg (rumsteck, tende de tranche ou aiguillette de rumsteck)
- 2 oignons
- 2 brins de thym
- 50 g de beurre
- 2 cuillerées à soupe d'huile de tournesol
- 20 cl d'eau
- Fleur de sel et poivre du moulin

MENU ANNIVERSAIRE

Accompagnement

Fricassée de légumes

Préchauffez le four à 180 °C (th. 6).

Épluchez les pommes de terre, les carottes et les panais. Coupez-les en gros morceaux. Mettez dans un plat à gratin.

Versez l'huile puis le paprika. Salez, poivrez, puis mélangez l'ensemble afin de bien enrober les légumes d'huile.

Ajoutez les tomates laissées en grappe et les branches de thym.

Mettez au four pendant 1 heure 30.

Retournez délicatement les légumes toutes les 30 minutes environ.

La sauce béarnaise

Dans une casserole, mettez l'échalote avec le vinaigre, le vin et la moitié de l'estragon. Poivrez. Portez à ébullition à feu vif et laissez réduire sans y toucher. Il doit rester environ une cuillerée à soupe de liquide à la fin. Laissez refroidir impérativement.

Coupez le beurre en petits morceaux.

Mélangez les jaunes d'œufs à la réduction ainsi que une cuillerée à soupe d'eau froide. Fouettez 1 minute à feu doux afin que le mélange devienne mousseux.

Incorporez petit à petit le beurre en fouettant comme pour une mayonnaise tout en retirant souvent la casserole du feu afin d'éviter que le mélange chauffe trop et qu'il tourne.

À la fin, ajoutez le reste de l'estragon.

Goûtez et rectifiez l'assaisonnement si nécessaire.

Gardez la sauce béarnaise dans un Thermos® ou au bain-marie afin de la conserver chaude.

Ingrédients

Pour 6 personnes

- 1 kg de pommes de terre type charlotte
- 500 g de carottes
- 500 g de panais
- 1 grappe de tomates cerise
- 2 cuillerées à soupe de paprika
- 4 brins de thym
- 20 cl d'huile d'olive
- Sel et poivre du moulin

Pour la sauce béarnaise

- 1 échalote hachée
- 2 cuillerées à soupe d'estragon haché
- 4 jaunes d'œufs
- 250 g de beurre
- 10 cl de vinaigre de vin
- 10 cl de vin blanc
- Poivre du moulin

MENU ANNIVERSAIRE

Dessert

Éclairs au chocolat

Préchauffez le four à 180 °C (th. 6).

Préparez la pâte à choux. Dans une casserole, mettez l'eau avec le lait et le beurre. Portez à ébullition et ajoutez la farine d'un seul coup. Mélangez à feu moyen pendant environ 2 minutes afin de dessécher la pâte au maximum.

Versez cette pâte dans le bol d'un robot puis ajoutez les œufs un par un. Incorporez bien chaque œuf à la pâte avant d'ajouter les suivants.

Sur la plaque du four recouverte d'un tapis en silicone ou de papier sulfurisé, formez six boudins de pâte de 10 cm de longueur à l'aide d'une cuillère à café ou d'une poche à douille unie n° 8.

Mettez les choux au four pendant 30 minutes. En fin de cuisson, laissez 5 minutes dans le four éteint porte entrouverte afin qu'ils soient bien cuits à l'intérieur et ne retombent pas.

Pendant ce temps, préparez la crème pâtissière au chocolat. Dans une casserole, faites chauffer le lait.

Dans un saladier, à l'aide d'un fouet, mélangez les jaunes d'œufs avec le sucre. Ajoutez la farine et la Maïzena®. Mélangez.

Incorporez le lait petit à petit dans la préparation et reversez le tout dans la casserole. Remettez à feu moyen puis portez la crème à ébullition pendant 3 minutes sans jamais cesser de remuer à l'aide d'un fouet.

Quand la crème est assez épaisse, ajoutez, hors du feu, le beurre puis le chocolat en morceaux. Mélangez et laissez refroidir.

Fendez les éclairs en deux dans la longueur avant de les garnir de crème à l'aide d'une cuillère à soupe.

Mélangez tous les ingrédients du glaçage puis recouvrez le dessus de vos éclairs. Décorez selon votre inspiration.

Ingrédients

Pour 6 personnes

Pour la pâte à choux

- 2 œufs (120 g)
- 60 g de farine
- 40 g de beurre demi-sel
- 5 cl d'eau
- 5 cl de lait demi-écrémé

Pour la crème pâtissière

- 3 jaunes d'œufs
- 40 g de sucre en poudre
- 1 cuillerée à soupe rase de Maïzena®
- 1 cuillerée à soupe rase de farine
- 10 g de beurre demi-sel
- 120 g de chocolat noir
- 35 cl de lait entier ou demi-écrémé

Pour le glaçage

- 100 g de sucre glace
- 1 cuillerée à soupe d'eau
- Colorant alimentaire de votre choix

Menu de la semaine

dix

MENU COPAIN

Entrée

Compotée de lapin à l'estragon

Plat

Côte de veau à l'ail et au persil

Accompagnement

Gratin dauphinois

Dessert

Sorbet au cacao et sablés de Papy

MENU COPAIN

Entrée

Compotée de lapin à l'estragon

Épluchez et émincez finement les oignons.

Déposez les oignons et les morceaux de lapin dans une cocotte. Salez, poivrez et effeuillez les branches d'estragon sur le lapin.

Versez le vin blanc et le bouillon et faites mijoter à feu doux pendant 1 heure 15.

Sortez les morceaux de lapin, laissez-les tiédir puis désossez-les dans un saladier, en les effilochant avec vos doigts.

Ajoutez les oignons, le vin blanc et le bouillon restant. Mélangez bien et rectifiez l'assaisonnement si nécessaire.

Répartissez la préparation dans une terrine en pressant l'ensemble.

Couvrez et mettez au frigo pendant 24 heures.

Cette compotée se déguste froide avec du pain grillé et des cornichons.

LE CONSEIL DE SOPHIE

Vous pouvez remplacer l'estragon par du thym ou du persil haché et ajouter à la fin des pistaches ou des pignons de pin.

Ingrédients

Pour 6 personnes

- 1,5 kg de lapin coupé en morceaux
- 4 oignons (400 g)
- 2 branches d'estragon
- 40 cl de vin blanc
- 40 cl de bouillon de volaille (40 cl d'eau bouillante + 2 cubes de bouillon de volaille)
- Sel et poivre du moulin

MENU COPAIN

Plat

Côte de veau à l'ail et au persil

Salez et poivrez les côtes de veau.

Dans une grande cocotte, faites dorer les côtes de veau dans le beurre et l'huile à feu moyen pendant 3 minutes de chaque côté. Couvrez et laissez mijoter à feu doux pendant 10 minutes puis retournez les côtes et prolongez la cuisson de 5 minutes. Sortez la viande et couvrez-la d'un papier d'aluminium.

Versez le vin blanc dans la cocotte et laissez réduire presque à sec à feu moyen en grattant bien le fond.

Versez ensuite le jus de veau. Mélangez et laissez réduire à feu vif pendant 5 minutes.

Ajoutez l'ail et le persil. Mélangez.

Découpez les côtes et parsemez-les de fleur de sel et de poivre.

Servez-les accompagnées de la sauce, d'un gratin dauphinois ou d'une purée.

LE CONSEIL DE SOPHIE

Sortez la côte de veau 2 heures avant sa cuisson.

LE SECRET DE Sophie

Pour toutes les grosses pièces de viande, j'attends une dizaine de minutes avant de passer à la découpe pour laisser reposer la viande. Je recouvre celle-ci d'une feuille de papier d'aluminium pour la garder au chaud. Pendant ce temps de repos, le sang va se propager dans la texture de la viande pour l'attendrir et la rendre plus goûteuse.

Ingrédients

Pour 6 personnes

- 3 côtes de veau d'environ 750 g chacune
- 6 gousses d'ail émincées finement
- 3 cuillerées à soupe de persil plat haché
- 40 g de beurre
- 40 cl de jus de veau (40 cl d'eau bouillante + 4 cubes de jus de veau)
- 2 cuillerées à soupe d'huile de tournesol
- 20 cl de vin blanc
- Fleur de sel et poivre du moulin

MENU COPAIN

Accompagnement

Gratin dauphinois

Préchauffez le four à 160 °C (th. 5-6).

Épluchez les pommes de terre et coupez-les en rondelles assez fines dans un saladier. Salez, poivrez, ajoutez la muscade et mélangez.

Disposez les rondelles de pomme de terre dans un plat à gratin.

Versez la crème par-dessus pour bien les imbiber.

Mettez au four pendant 1 heure 15.

Servez chaud.

LE CONSEIL DE SOPHIE

Vous pouvez remplacer la crème entière par de la crème à 15 % de MG ou du Gloria® Semi-épais à 6 % de MG, ou bien faire moitié lait, moitié crème. Les carottes et les oignons se marient très bien avec les pommes de terre. Essayez des variantes.

LE SECRET DE Sophie

Quand je fais un gratin dauphinois, je lave rapidement les pommes de terre sous l'eau mais je ne les laisse pas dans l'eau, parce que la fécule de la pomme de terre, en cuisant, va se lier avec la crème et donner de l'onctuosité à la cuisson.

Avant de mettre les pommes de terre dans le plat, je frotte celui-ci avec de l'ail mais aussi avec un petit navet cru. Essayez, le gratin n'en sera que meilleur.

Ingrédients

Pour 6 personnes

- 1,5 kg de pommes de terre type roseval, agata, monalisa…
- 70 cl de crème liquide entière
- 2 pincées de muscade
- Sel et poivre du moulin

MENU COPAIN

Dessert

Sorbet au cacao et sablés de Papy

Sorbet au cacao

Dans une casserole, faites bouillir l'eau avec le sucre.

À feu moyen, incorporez le cacao et le chocolat cassé en morceaux.

Mélangez et laissez chauffer encore 1 minute.

Retirez du feu et laissez refroidir totalement.

Versez le tout dans une sorbetière et laissez prendre.

Sablés de Papy

Dans un saladier ou un robot, mélangez tous les ingrédients.

Formez une boule, couvrez-la d'un film alimentaire et mettez au frigo pendant 1 heure.

Préchauffez le four à 180 °C (th. 6).

Sur le plan de travail fariné, étalez la pâte et découpez, à l'aide d'un emporte-pièce de votre choix, les sablés.

Déposez-les sur la plaque du four recouverte d'un tapis en silicone ou de papier sulfurisé et mettez au four pendant 10 minutes.

Laissez refroidir sur une grille.

LE CONSEIL DE SOPHIE

Un sorbet ne se conserve pas. Il sera meilleur si vous le turbinez dans la machine à glace juste avant de passer à table.

Ingrédients

Pour 6 personnes

Sorbet au cacao

- 50 g de cacao en poudre non sucré
- 150 g de chocolat noir pâtissier à 65 %
- 100 g de sucre en poudre
- 50 cl d'eau

Sablés de Papy

- 180 g de farine
- 150 g de beurre demi-sel
- 80 g de sucre en poudre

FRAISE
Maison de Sophie

Hiver

brunch

Œufs bénédictine au saumon sauce hollandaise

Cake à la vanille

Confiture de fraises

Chocolat chaud maison

Œufs bénédictine au saumon sauce hollandaise

Remplissez une casserole d'eau avec deux cuillerées à soupe de vinaigre et portez l'eau à frémissement.

Procédez œuf par œuf. Commencez par casser un œuf entier dans une tasse que vous approchez de la surface de l'eau. Faites pivoter la tasse d'un coup sec afin que le blanc tombe en même temps que le jaune. Durant la cuisson, rabattez délicatement les filaments de blanc sur l'œuf à l'aide d'une écumoire. Laissez cuire pendant 3 minutes. Égouttez l'œuf sur du papier absorbant.

Répétez l'opération avec les trois autres œufs entiers.

Dans une casserole, mettez deux cuillerées à soupe d'eau, deux cuillerées à soupe de vinaigre et un peu de poivre. Laissez réduire de moitié à feu moyen pendant 1 minute. Laissez refroidir.

Incorporez les jaunes d'œufs au fouet et posez la casserole dans une autre casserole d'eau frémissante plus grande (au bain-marie !). Fouettez le mélange pendant 3 minutes pour qu'il épaississe et devienne crémeux.

Retirez le récipient du feu puis incorporez peu à peu le beurre coupé en petits morceaux.

Versez le jus de citron, goûtez et rectifiez l'assaisonnement si nécessaire.

Transvasez la sauce dans une bouteille Thermos® pour la garder au chaud.

Préchauffez le four à 180 °C (th. 6).

Faites griller les tranches de pain de mie puis placez-les dans un plat allant au four.

Répartissez sur chaque pain de mie une tranche de saumon fumé, un œuf poché puis nappez de sauce.

Mettez au four pendant 2 minutes.

Décorez de cerfeuil et servez aussitôt.

Ingrédients

Pour 4 personnes

- 4 œufs entier + 3 jaunes
- 120 g de beurre
- 4 tranches de saumon fumé (150 g)
- 4 tranches de pain de mie sans croûte, blinis ou muffins
- 4 cuillerées à soupe de vinaigre blanc
- 1 cuillerée à café de jus de citron
- Sel et poivre du moulin
- 4 brins de cerfeuil pour la déco

Cake à la vanille

Préchauffez le four sur chaleur tournante à 180 °C (th. 6).

Dans un saladier, mélangez les œufs avec le sucre. Incorporez la farine puis le beurre.

Versez la vanille et mélangez.

Versez la préparation dans un moule à cake antiadhésif de 26 cm beurré et fariné.

Mettez au four pendant 40 minutes.

Démoulez tiède et dégustez à température ambiante.

LE SECRET DE Sophie

Je ne mélange pas trop ma pâte afin de la rendre plus moelleuse.

Ingrédients

Pour 10 personnes

- 3 œufs
- 160 g de sucre en poudre
- 150 g de farine avec poudre levante incorporée (ou 150 g de farine + 1/3 de sachet de levure)
- 160 g de beurre mou
- 5 cuillerées à soupe de vanille liquide

Confiture de fraises

Lavez les fraises, égouttez-les et équeutez-les.

Mettez-les dans un saladier. Ajoutez le jus de citron et le sucre. Mélangez.

Couvrez d'un film alimentaire et laissez macérer au frigo pendant une nuit.

Le lendemain, ébouillantez le pot à confiture et son couvercle puis égouttez-les et retournez-les sur un torchon ou un papier absorbant.

Dans une sauteuse antiadhésive, faites cuire la préparation à feu vif pendant 6 minutes à partir de l'ébullition. Il n'est pas nécessaire d'écumer.

Remplissez immédiatement le pot à confiture à ras bord.

Vissez fermement le couvercle et retournez le pot jusqu'à complet refroidissement.

LE CONSEIL DE SOPHIE

Dans le saladier, vous pouvez ajouter aux fraises 2 cuillerées à café de vanille en poudre, 1 gousse de vanille, 5 feuilles de menthe, 1 pincée de gingembre, 2 cl d'eau de fleur d'oranger ou 1/2 cuillerée à café de poivre en grains du Sichuan ou de Sarawak.

Ingrédients

Pour 1 pot de 375 g

- 300 g de fraises
- 150 g de sucre gélifiant Gelsuc de Béghin-Say® ou Confisuc de Saint Louis®
- Le jus de 1/2 citron

Chocolat chaud maison

Dans une casserole, portez à ébullition l'eau avec le lait, la crème liquide et la vanille.

Ajoutez le chocolat et mélangez constamment au fouet jusqu'à ce que le chocolat soit bien fondu. Retirez du feu.

Laissez refroidir, couvrez et mettez au frigo pendant une nuit.

Au moment de servir, retirez la gousse de vanille puis réchauffez le chocolat au micro-ondes. Mixez-le à l'aide d'un mixer plongeant pendant 20 secondes afin de le rendre mousseux.

Servez aussitôt.

LE SECRET DE Sophie

Je prépare ce chocolat impérativement la veille afin d'accentuer toutes ses saveurs et ses arômes.

Ingrédients

Pour 6 personnes

- 240 g de chocolat de couverture amer 65 % ou extra-amer 70 %
- 60 cl de lait entier
- 40 cl de crème liquide entière
- 20 cl d'eau
- 1 gousse de vanille fendue en deux

printemps

Menu de la semaine

onze

MENU ENFANT

Entrée

Verrines d'œufs mimosa

Plat

Cordons-bleus maison

Accompagnement

Coquillettes aux légumes

Dessert

Mousses aux petits-suisses

MENU ENFANT

Entrée

Verrines d'œufs mimosa

Dans une casserole d'eau bouillante salée, faites cuire les œufs pendant 9 minutes puis refroidissez-les totalement sous l'eau froide. Écalez-les puis séparez les blancs des jaunes.

Écrasez les blancs puis les jaunes dans deux bols différents avec une fourchette.

Ajoutez aux jaunes la mayonnaise. Salez et mélangez.

Dans six verrines, alternez les couches de blancs et de jaunes.

Parsemez de ciboulette et dégustez aussitôt.

Ingrédients

Pour 6 personnes

- 6 œufs
- 50 g de mayonnaise
- 1 cuillerée à soupe de ciboulette ciselée
- Sel

MENU ENFANT

Plat

Cordons-bleus maison

Coupez les escalopes en portefeuille. Badigeonnez l'intérieur de moutarde puis farcissez-les d'une demi-tranche de jambon et d'une lamelle d'emmental coupée en deux.

Fermez les escalopes. Salez et poivrez.

Mettez la farine, les œufs battus et la chapelure dans trois assiettes creuses.

Tournez les escalopes dans la farine, secouez l'excédent, passez-les ensuite dans les œufs puis dans la chapelure.

Dans une poêle antiadhésive, faites dorer les cordons-bleus à feu moyen dans l'huile et le beurre pendant environ 5 minutes de chaque côté.

Servez chaud, accompagné de coquillettes, de frites ou de salade.

LE SECRET DE *Sophie*

Pour que mes cordons-bleus soient encore plus croustillants, je les passe deux fois dans les œufs et dans la chapelure puis je les mets au frigo 15 minutes.

Ingrédients

Pour 6 personnes

- 6 escalopes de veau ou de dinde d'environ 125 g
- 3 tranches de jambon blanc
- 6 lamelles de tranches d'emmental (150 g)
- 2 œufs
- 3 cuillerées à soupe de farine
- 150 g de chapelure
- 1 cuillerée à soupe de moutarde forte ou aux herbes
- 2 cuillerées à soupe d'huile de tournesol
- 20 g de beurre
- Sel et poivre du moulin

MENU ENFANT

Accompagnement

Coquillettes aux légumes

À l'aide d'un épluche-tomate, pelez les tomates.

Coupez la courgette, les tomates et l'aubergine en dés.

Dans une sauteuse, faites revenir dans l'huile à feu moyen l'oignon avec les tomates, la courgette, l'aubergine et du sel pendant 20 minutes.

Dans une casserole, faites cuire les pâtes al dente dans de l'eau bouillante salée selon les indications du paquet.

Lorsque les pâtes sont cuites, égouttez-les et mélangez-les aux légumes.

Ajoutez le persil, mélangez et servez.

L'USTENSILE GAIN DE TEMPS DE SOPHIE

L'Alligator®, quel drôle de nom ! Peut-être s'appelle-t-il ainsi parce qu'il mange tout ce qu'il trouve ? Non, cet ustensile va tout simplement vous aider à couper les légumes et les fruits en petits dés (brunoise). Gain de temps à la découpe, mais aussi à la cuisson, et une décoration raffinée dans l'assiette font de l'Alligator® un allié indispensable dans votre cuisine. Croyez-moi, vous ne pourrez plus vous en passer !

Ingrédients

Pour 6 personnes

- 200 g de coquillettes
- 2 tomates
- 1 courgette (200 g)
- 1/2 aubergine (150 g)
- 1 oignon haché (80 g)
- 3 cuillerées à soupe de persil haché
- 3 cuillerées à soupe d'huile d'olive
- Sel

MENU ENFANT

Dessert

Mousses aux petits-suisses

Séparez les blancs des jaunes d'œufs.

À l'aide d'un batteur électrique, montez les blancs en neige.

Dès que les blancs commencent à monter, ajoutez petit à petit 30 g de sucre.

Dans un saladier, mélangez les jaunes d'œufs avec le sucre vanillé et le sucre restant.

Ajoutez les petits-suisses et mélangez.

Incorporez délicatement les blancs à la préparation.

Versez la mousse dans des petits verres ou des ramequins.

Mettez au frigo pendant 2 heures.

Décorez les mousses avec des rondelles de banane et des vermicelles de chocolat.

Ingrédients

Pour 6 personnes

- 3 petits-suisses à 20 % ou 40 % de MG
- 2 œufs
- 1 sachet de sucre vanillé
- 50 g de sucre en poudre

Pour la déco

- 1 banane
- Vermicelles de chocolat

Menu de la semaine

douze

Apéritif

Yorkshire pudding au rosbif

Entrée

Salade de lentilles aux petits oignons et lardons

Plat

Fricassée de poissons au curcuma

Dessert

Tarte à la compote de pommes

Apéritif

Yorkshire pudding au rosbif

Préchauffez le four à 220 °C (th. 7-8).

Dans un bol, faites fondre le beurre dans le lait au micro-ondes.

Dans un saladier, versez la farine.

Faites un puits au milieu et mettez-y les œufs préalablement battus.

Mélangez à l'aide d'un fouet en incorporant petit à petit le lait chaud.

Répartissez la préparation dans des moules à cannelés, petits-fours ou mini-muffins en silicone.

Mettez au four pendant 15 minutes.

Laissez tiédir et démoulez.

Posez sur le dessus un peu de Horseradish sauce puis un morceau de rosbif.

Décorez avec du persil.

Ingrédients

Pour 6 personnes

- 110 g de farine
- 2 œufs
- 30 cl de lait demi-écrémé
- 10 g de beurre demi-sel

Pour la garniture

- 180 g de tranches de rosbif froid
- 3 cuillerées à café de Horseradish sauce (ou de moutarde mélangée avec de la crème fraîche épaisse)
- Feuilles de persil ou de roquette

Entrée

Salade de lentilles aux petits oignons et lardons

Pelez les carottes et coupez-les en rondelles.

Émincez les petits oignons finement ainsi que le vert.

Dans une casserole d'eau bouillante, faites cuire les lentilles sur feu moyen selon les indications du paquet.

Pendant ce temps, dans une sauteuse, faites revenir les oignons avec les carottes et les allumettes de lardons dans l'huile, du poivre et du sel pendant 15 minutes.

Préparez la vinaigrette dans un bol en mélangeant tous les ingrédients. Salez et poivrez.

Égouttez les lentilles puis mettez-les dans la sauteuse avec le persil.

Versez la vinaigrette. Goûtez et rectifiez l'assaisonnement si nécessaire.

LE SECRET DE Sophie

Je préfère cette salade tiède. Je la prépare à l'avance et la réchauffe au micro-ondes au dernier moment.

Ingrédients

Pour 6 personnes

- 250 g de lentilles vertes du Puy
- 200 g d'allumettes de lardons fumés
- 3 petits oignons botte
- 2 carottes fanes
- 3 cuillerées à soupe de persil haché
- 2 cuillerées à soupe d'huile d'olive
- Sel et poivre du moulin

Pour la sauce vinaigrette

- 3 cuillerées à soupe d'huile d'olive
- 3 cuillerées à soupe d'huile de noix
- 3 cuillerées à soupe de vinaigre balsamique
- Sel et poivre du moulin

Plat

Fricassée de poissons au curcuma

Découpez les poissons en morceaux.

Dans une sauteuse, faites revenir l'échalote dans l'huile avec le gingembre, le curcuma et le curry à feu moyen pendant 3 minutes. Salez légèrement pour empêcher l'échalote de noircir.

À l'aide d'un épluche-tomate, pelez les tomates et les poivrons. Épépinez-les et coupez-les en lamelles.

Ajoutez-les dans la sauteuse et faites revenir le tout à couvert à feu moyen pendant 20 minutes.

Versez le lait de coco et mélangez.

Ajoutez les morceaux de poisson et les crevettes. Mélangez et laissez cuire pendant 20 minutes à feu moyen.

Goûtez et rectifiez l'assaisonnement si nécessaire.

Servez accompagné de riz.

Ingrédients

Pour 6 personnes

- 300 g de pavé de saumon sans arêtes
- 300 g de dos de cabillaud
- 250 g de crevettes roses cuites et décortiquées
- 1 poivron rouge
- 1 poivron jaune
- 3 tomates grappe
- 1 échalote émincée
- 10 g de gingembre frais râpé
- 1 cuillerée à soupe de curcuma
- 1 cuillerée à café de curry
- 40 cl de lait de coco
- 4 cuillerées à soupe d'huile d'olive
- Sel

Dessert

Tarte à la compote de pommes

Préparez la pâte à tarte. À la main ou au robot, mélangez tous les ingrédients. Formez une boule, couvrez d'un film alimentaire et mettez au frigo pendant au minimum 2 heures.

Sortez la pâte 10 minutes avant son utilisation afin qu'elle se détende, étalez-la sur le plan de travail fariné puis dans un moule à tarte de 28 cm de diamètre.

Préchauffez le four à 200 °C (th. 6-7).

Pelez et coupez les pommes en lamelles.

Répartissez la compote sur le fond de tarte puis disposez les lamelles de pomme en rosace.

Saupoudrez de sucre vanillé et parsemez de noisettes de beurre.

Mettez au four pendant 10 minutes à 200 °C puis 30 minutes à 180 °C (th. 6) jusqu'à ce que la pâte et les pommes soient bien dorées.

Laissez refroidir la tarte sur une grille.

L'USTENSILE GAIN DE TEMPS DE SOPHIE

Le pèle-pomme est un rêve pour éplucher et couper les pommes en tranches. Il permet de réaliser une tarte ou une compote en 5 minutes : un indispensable, je dirais même une révolution !

Ingrédients

Pour 6 personnes

Pour la pâte sablée

- 150 g de beurre mou
- 30 g de sucre en poudre
- 75 g de sucre glace
- 30 g de poudre d'amande
- 1 œuf
- 250 g de farine

Pour la garniture

- 1 pot de compote de pommes en morceaux de 740 g Andros®
- 5 pommes type gala, golden, idared…
- 1 sachet de sucre vanillé
- 20 g de beurre

Menu de la semaine

treize

Entrée

Tarte à la moutarde et tomates cerise

Plat

Rôti de porc au boudin noir et aux pommes

Accompagnement

Ma purée maison

Dessert

Crème glacée à la mangue

Entrée

Tarte à la moutarde et tomates cerise

Préchauffez le four à 200 °C (th. 6-7).

Étalez la pâte dans un moule de 26 cm de diamètre.

Coupez les tomates en deux.

Badigeonnez de moutarde la pâte puis répartissez-y les tomates côté peau.

Recouvrez de rondelles de chèvre, d'herbes de Provence et de basilic.

Huilez le dessus de la tarte.

Salez, poivrez et mettez au four pendant 35 minutes.

Dégustez tiède ou froid à température ambiante.

Ingrédients

Pour 6 personnes

- 1 pâte feuilletée pur beurre prête à dérouler
- 550 g de tomates cerise
- 3 cuillerées à soupe de moutarde forte
- 1 cuillerée à café d'herbes de Provence
- 3 cuillerées à soupe de basilic ciselé
- 100 g de bûche de chèvre
- 1 cuillerée à soupe d'huile d'olive
- Sel et poivre du moulin

Plat

Rôti de porc au boudin noir et aux pommes

Préchauffez le four à 160 °C (th. 5-6).

Mettez le rôti de porc dans un plat à gratin. Enrobez-le d'huile. Parsemez de thym, de fleur de sel et de poivre. Faites-le cuire pendant 2 heure 15 en l'arrosant souvent avec le jus rendu.

Laissez reposer la viande 10 minutes recouverte de papier d'aluminium avant de la découper.

Pendant la cuisson du rôti, épluchez, épépinez et coupez les pommes en quatre.

Dans une poêle, faites fondre le beurre. Ajoutez les pommes et faites-les dorer à feu moyen. Versez le calvados.

Dans une sauteuse, faites dorer dans l'huile les oignons et les lardons à feu moyen.

Salez et poivrez.

Ajoutez les boudins coupés en rondelles avec la peau et laissez cuire de nouveau 5 minutes.

Servez le rôti de porc accompagné de la garniture au boudin et de purée.

Ingrédients

Pour 6 personnes

- 1 rôti de porc dans l'échine de 1,5 kg
- 3 cuillerées à soupe d'huile de tournesol
- 2 brins de thym
- Fleur de sel et poivre du moulin

Pour la garniture

- 2 boudins noirs
- 2 oignons émincés
- 100 g de lardons fumés
- 3 pommes Pink Lady®
- 50 g de beurre
- 2 cuillerées à soupe d'huile de tournesol
- 2 cuillerées à soupe de calvados
- Fleur de sel et poivre du moulin

Accompagnement

Ma purée maison

À l'aide d'un économe, épluchez les pommes de terre et coupez-les en deux dans la longueur.

Faites-les cuire pendant 25 minutes dans une casserole d'eau bouillante salée puis égouttez-les et passez-les immédiatement au presse-purée (posé sur un grand saladier).

Mettez au fur et à mesure le beurre entre chaque couche de purée, sans mélanger.

À l'aide d'une maryse, mélangez la purée en y versant le lait. Salez.

LE CONSEIL DE SOPHIE

Les pommes de terre riches en amidon (Jdaho, Yukon Gold...) sont idéales pour les purées. L'amidon permettra à la purée de se tenir, tout en minimisant les grumeaux. Les pommes de terre pauvres en amidon (pommes de terre nouvelles, pommes de terre rouges) sont idéales pour les salades et le four. Malgré la cuisson, elles demeureront fermes. Jl faut éviter de les utiliser en purée car on obtiendra une sorte de colle peu appétissante. Ces pommes de terre sont riches en humidité.

LE SECRET DE *Sophie*

Quand je fais de la purée en accompagnement d'un poisson, j'ajoute dans celle-ci deux avocats coupés en dés. C'est original et très bon !

Ingrédients

Pour 6 personnes

- 1 kg de pommes de terre type BF 15, bintje, agria...
- 250 g de beurre mou
- 20 cl de lait chaud
- Fleur de sel

Dessert

Crème glacée à la mangue

À l'aide d'un mixer blender, mixez la chair de la mangue avec le sucre et le nectar d'abricot.

À l'aide d'un batteur électrique, montez la crème très froide en chantilly puis incorporez-la à la mangue.

Versez le tout dans un récipient en plastique et mettez la préparation à congeler durant 1 heure 30.

Mixez la glace encore molle au mixer blender puis replacez-la au congélateur pendant 8 heures.

Retirez la crème glacée du congélateur 10 minutes avant de servir.

Décorez de lamelles de mangue fraîche et de feuilles de menthe.

LE CONSEIL DE SOPHIE

Une glace ne se conserve pas.

L'USTENSILE GAIN DE TEMPS DE SOPHIE

Découpez les mangues d'un seul geste ! Le découpe-mangue sépare le fruit de son noyau d'une simple pression et ses lames très tranchantes découpent la mangue en deux parties régulières sans en abîmer la chair. Il est doté d'une coupelle amovible qui permet de maintenir le fruit pendant la coupe et d'empêcher le jus de couler.

Ingrédients

Pour 6 personnes

- 450 g de chair de mangue fraîche ou surgelée
- 125 g de sucre en poudre
- 6 cl de nectar d'abricot ou de mangue
- 30 cl de crème liquide entière

Pour la déco

- Quelques lamelles de mangue
- 6 feuilles de menthe

Menu de la semaine

quatorze

Entrée

Soufflé au fromage

Plat

Poularde à la purée de petits pois

Fromage

Aumônières de saint-marcellin

Dessert

Bavarois à la vanille et coulis de fraises

Entrée

Soufflé au fromage

Préparez une béchamel. Dans une casserole, faites fondre le beurre à feu moyen.

Ajoutez la farine et mélangez le tout pendant 1 minute sans laisser colorer.

Incorporez le lait froid et mélangez à feu moyen jusqu'à ce que le mélange épaississe.

Mettez le fromage. Salez et poivrez.

Séparez les blancs des jaunes d'œufs. Hors du feu, incorporez à la préparation les jaunes d'œufs un par un.

Beurrez un moule à soufflé d'environ 18 cm de diamètre sur 8 cm de hauteur mais attention à ne pas toucher l'intérieur du moule après cette opération.

Préchauffez le four à 180 °C (th. 6).

À l'aide d'un batteur électrique, montez les blancs en neige puis incorporez-les à la préparation.

Remplissez le moule et mettez au four pendant 40 minutes.

Sortez du four et dégustez aussitôt.

LE CONSEIL DE SOPHIE

Il faut éviter de toucher l'intérieur de votre moule après l'avoir graissé car la moindre trace stoppera l'ascension de votre soufflé.

LE SECRET DE Sophie

Pour éviter que le soufflé ne retombe immédiatement à la sortie du four, je mets une demi-cuillerée à café de Maïzena® pendant la montée de mes blancs en neige.

Ingrédients

Pour 6 personnes

- 180 g de comté ou d'emmental râpé
- 4 œufs
- 30 g de farine
- 30 g de beurre + 5 g pour le moule
- 30 cl de lait demi-écrémé
- Sel et poivre du moulin

Plat

Poularde à la purée de petits pois

Coupez le jambon en lanières.

Salez et poivrez la poularde.

Dans une cocotte, faites dorer la poularde sur toutes les faces dans l'huile et 30 g de beurre à feu moyen.

Jetez la graisse de la cocotte.

Versez-y le fond de volaille, couvrez et laissez mijoter pendant 20 minutes à feu doux.

Ajoutez ensuite les lanières de jambon, les oignons et le thym.

Mélangez et faites cuire 30 minutes à feu doux, toujours à couvert.

Pendant ce temps, dans une casserole d'eau bouillante salée, faites cuire les petits pois pendant 15 minutes.

Égouttez-les et réduisez-les en purée à l'aide d'un mixer.

Dans une casserole, versez la crème fraîche et le beurre restant avec la purée de petits pois.

Salez, poivrez et laissez mijoter 5 minutes à feu doux.

Découpez la poularde et servez-la accompagnée de sa garniture et de la purée de petits pois.

Ingrédients

Pour 6 personnes

- 1 poularde
- 200 g de jambon cru
- 500 g de petits pois écossés
- 250 g de petits oignons grelots surgelés
- 1 brin de thym
- 200 g de crème fraîche épaisse à 40% de MG
- 80 g de beurre
- 20 cl de fond de volaille (20 cl d'eau bouillante + 2 cuillerées à café de fond de volaille)
- 2 cuillerées à soupe d'huile de tournesol
- Sel et poivre du moulin

Dessert

Bavarois à la vanille et coulis de fraises

Faites tremper les feuilles de gélatine dans un bol d'eau froide pour les ramollir.

Dans une casserole, faites chauffer le lait avec la vanille.

Dans un saladier, à l'aide d'un fouet, mélangez les jaunes d'œufs avec le sucre.

Versez le lait chaud petit à petit sur la préparation en fouettant puis reversez le tout dans la casserole.

Faites cuire cette crème à feu doux en remuant sans cesse à l'aide d'une cuillère en bois jusqu'à ce qu'elle épaississe et qu'il n'y ait plus de mousse. Attention, la crème ne doit pas bouillir !

Hors du feu, incorporez la gélatine essorée et laissez refroidir.

À l'aide d'un batteur électrique, battez la crème liquide bien froide en chantilly et incorporez-la à la préparation froide.

Versez le tout dans un moule à bavarois ou savarin et mettez au frigo au minimum 4 heures.

Pendant ce temps, préparez le coulis en mixant les fraises lavées et équeutées avec le sucre. Mettez au frigo jusqu'au moment de servir.

Démoulez le bavarois et servez-le accompagné de fraises et de son coulis de fraises.

LE SECRET DE Sophie

Pour démouler le bavarois, plongez le moule dans l'eau chaude pendant 5 secondes. Attention à ne pas le laisser davantage, sinon il risque de fondre.

Ingrédients

Pour 6 personnes

- 6 jaunes d'œufs
- 180 g de sucre en poudre
- 50 cl de crème liquide entière
- 1 cuillerée à café de vanille en poudre
- 6 feuilles de gélatine Vahiné®
- 1/2 l de lait entier ou demi-écrémé
- 125 g de fraises

Pour le coulis de fraises

- 250 g de fraises
- 40 g de sucre en poudre

Menu de la semaine

quinze

MENU COPAIN

Entrée

Tartare au hareng et haddock

Plat

Mignon de veau et sa sauce moutarde

Accompagnement

Pommes dauphine

Dessert

Millefeuilles de litchis

MENU COPAIN

Entrée

Tartare au hareng et haddock

Coupez le saumon, le hareng et le haddock en petits dés. Dans un saladier, mélangez tous les ingrédients de la sauce. Ajoutez-y les dés de poisson et l'oignon haché. Mélangez.

Répartissez le tartare dans les assiettes.

Coupez la pomme verte en bâtonnets sans l'éplucher. Disposez joliment les bâtonnets de pomme sur le tartare.

Parsemez d'œufs de saumon et de brins d'aneth.

Servez aussitôt accompagné de pain grillé.

LE CONSEIL DE SOPHIE

J'aime particulièrement dans ce tartare l'association de Horseradish sauce et de poisson fumé, mais mangez-le impérativement avec la pomme, ce qui en adoucira le goût. Si vous n'avez pas de Horseradish sauce, remplacez par de la moutarde forte.

L'USTENSILE GAIN DE TEMPS DE SOPHIE

Pour une présentation encore plus raffinée, j'utilise des cercles à mousse de 8 cm de diamètre et de 4,5 cm de hauteur qui me permettent de façonner harmonieusement le tartare.

L'ASTUCE DÉCO DE SOPHIE

Disposez la julienne de pomme sur des tartines de pain grillé. Réalisez, à l'aide de deux cuillères, des quenelles avec le tartare que vous poserez sur la julienne de pomme. Ajoutez les œufs de saumon par-dessus et décorez avec des brins d'aneth. Un peu de poivre et le tour est joué !

Ingrédients

Pour 6 personnes

- 150 g de saumon fumé
- 150 g de hareng fumé
- 100 g de haddock fumé
- 50 g d'œufs de saumon ou d'œufs de lump
- 1 oignon rouge haché
- 1 pomme verte type granny smith
- Quelques brins d'aneth

Pour la sauce

- 2 cuillerées à soupe de mayonnaise
- 3 cuillerées à soupe de moutarde Savora Amora®
- 1 cuillerée à soupe de Horseradish sauce
- Le jus de 1 citron jaune
- 3 cuillerées à soupe d'aneth ciselée

MENU COPAIN

Plat

Mignon de veau et sa sauce moutarde

Sortez du frigo votre viande 2 heures avant son utilisation.

Dans une poêle antiadhésive chaude, faites cuire les filets mignons dans l'huile et le beurre à feu moyen pendant 15 minutes en les retournant toutes les 5 minutes.

Retirez la viande et posez-la sur une assiette. Recouvrez de papier d'aluminium.

Pendant ce temps, préparez la sauce. Retirez le gras de la poêle, puis remettez-la sur feu moyen. Versez le vin blanc en grattant bien les sucs à l'aide d'une cuillère en bois.

Ajoutez la crème fraîche puis la moutarde. Salez, poivrez et mélangez.

Laissez réduire à feu moyen la sauce pendant 5 minutes afin qu'elle épaississe.

Coupez les filets mignons de veau en tranches puis répartissez-les sur chaque assiette. Parsemez de fleur de sel et poivrez.

Nappez de sauce et servez aussitôt accompagné de pommes dauphine.

Ingrédients

Pour 6 personnes

- 2 filets mignons de veau ou de porc de 500 g pièce
- 40 g de beurre
- 1 cuillerée à soupe d'huile de tournesol
- Fleur de sel et poivre du moulin

Pour la sauce moutarde

- 15 cl de vin blanc
- 3 cuillerées à soupe de moutarde Fins Gourmets de Maille® ou de Meaux®
- 300 g de crème fraîche épaisse à 40% de MG
- Sel et poivre du moulin

MENU COPAIN

Accompagnement

Pommes dauphine

Pelez les pommes de terre et coupez-les en deux. Rincez-les et faites-les cuire dans une grande casserole d'eau bouillante salée pendant 25 minutes. Égouttez-les et passez-les au moulin à légumes avec la grille fine. Incorporez le beurre et mettez de côté.

Pour la pâte à choux, portez à ébullition, dans une casserole, l'eau, le beurre et du sel. Retirez du feu puis incorporez la farine en tournant rapidement avec une spatule.

Remettez la casserole sur feu doux et tournez pendant 1 minute afin que la pâte se dessèche.

Retirez du feu et incorporez les œufs un à un. Ajoutez la purée et mélangez. Salez et poivrez.

Couvrez et mettez au frigo au minimum 12 heures afin de pouvoir former les pommes dauphine facilement, le mieux étant de préparer la pâte la veille.

Avec vos mains légèrement farinées, façonnez les pommes dauphine de la taille d'une balle de golf.

Versez l'huile dans une friteuse ; une fois que l'huile de friture est chaude (160 °C), plongez les pommes dauphine et laissez-les dorer pendant 5 minutes environ. Elles sont cuites dès qu'elles remontent à la surface et qu'elles sont dorées de tous les côtés.

Égouttez les pommes dauphine sur du papier absorbant. Salez et servez aussitôt.

LE CONSEIL DE SOPHIE

Préparez le double de pommes dauphine et congelez-les. Vous n'aurez plus qu'à les frire sans les décongeler.

L'USTENSILE GAIN DE TEMPS DE SOPHIE

Pour réaliser des pommes dauphine bien régulières, j'utilise une cuillère à glace de 5 cm de diamètre.

Ingrédients

Pour une quarantaine de pommes dauphine

Pour la purée

- 600 g de pommes de terre type bintje ou BF15
- 100 g de beurre
- Sel

Pour la pâte à choux

- 2 œufs
- 80 g de farine
- 50 g de beurre
- 20 cl d'eau
- 2 l d'huile spéciale friture Frial®
- Sel et poivre du moulin

MENU COPAIN

Dessert

Millefeuilles de litchis

Pour la mousse au chocolat blanc, faites fondre, dans une casserole, le chocolat blanc au bain-marie. Retirez du feu et laissez tiédir.

Pendant ce temps, à l'aide d'un batteur électrique, montez la crème bien froide en chantilly. Incorporez-la au chocolat blanc et mettez le tout au frigo pendant 1 heure.

Pour les millefeuilles, préchauffez le four à 180 °C (th. 6).

Coupez dans la pâte filo trente-six rectangles de 10 x 7 cm.

Saupoudrez tous les rectangles de sucre glace puis superposez-les deux par deux sur la plaque du four recouverte d'un tapis en silicone ou de papier sulfurisé. Mettez au four pendant 8 minutes. Laissez refroidir.

Pour la garniture, égouttez les litchis et coupez-les en quatre.

Dans un saladier, mélangez-les aux framboises avec le vinaigre balsamique.

Dans une assiette, disposez un double rectangle de pâte filo.

Mettez une cuillerée de mousse au chocolat blanc, déposez un peu de fruits, recouvrez d'un autre double rectangle de pâte filo, d'un peu de mousse au chocolat blanc avec un peu de fruits, et terminez par un dernier double rectangle de pâte filo. Recommencez ainsi pour les cinq autres millefeuilles.

Décorez de litchis, de framboises et de feuilles de menthe. Servez aussitôt.

LE CONSEIL DE SOPHIE

Faites toujours fondre le chocolat blanc au bain-marie et non au micro-ondes car il est très délicat à faire fondre. Attendez qu'il soit à bonne température pour incorporer la chantilly car s'il est trop chaud, celle-ci fondra.

Ingrédients

Pour 6 personnes

Pour les millefeuilles

- 1 paquet de pâte filo
- Sucre glace

Pour la mousse au chocolat blanc

- 180 g de chocolat blanc pâtissier Nestlé®
- 35 cl de crème liquide entière froide

Pour la garniture

- 1 boîte de litchis
- 125 g de framboises
- 1 cuillerée à soupe de vinaigre balsamique

Pour la déco

- 6 litchis
- 6 framboises
- 6 feuilles de menthe

Menu de la semaine

seize

MENU PÂQUES

Entrée

Œufs de panna cotta de maïs

Plat

Rôti de veau à la vanille

Accompagnement

Gâteaux d'artichaut et pommes de terre

Dessert

Tarte aux trois chocolats

MENU PÂQUES

Entrée

Œufs de panna cotta de maïs

Avec la pointe d'un couteau, cassez le haut des œufs et videz-les.

Passez sous l'eau froide les coquilles et séchez-les à l'envers sur du papier absorbant.

Faites tremper les feuilles de gélatine dans un bol d'eau froide pour les ramollir.

Dans une casserole, faites chauffer le maïs avec le lait et la crème liquide à feu doux pendant 15 minutes environ. Salez et poivrez.

À l'aide d'un mixer, mixez l'ensemble puis filtrez à travers une passoire fine.

Ajoutez la gélatine essorée dans la crème de maïs encore chaude et mélangez.

Répartissez la préparation dans les coquilles d'œufs puis mettez au frigo pendant au minimum 4 heures.

Dans un bol, mélangez le vinaigre avec le miel, l'huile, le curry et les herbes hachées. Salez et poivrez.

Au moment de servir, posez les œufs de panna cotta dans des coquetiers au milieu des assiettes.

Répartissez autour la roquette, les tranches fines de jambon cru ainsi que l'oignon.

Nappez de sauce, décorez d'herbes et servez aussitôt.

LE CONSEIL DE SOPHIE

Vous maintiendrez facilement vos coquilles d'œufs en les posant dans leur boîte.

L'USTENSILE GAIN DE TEMPS DE SOPHIE

Le toqueur à œuf est un appareil très pratique qui permet de découper de façon parfaitement nette la coquille des œufs.

Ingrédients

Pour 6 personnes

- 6 gros œufs

Pour la panna cotta

- 100 g net de maïs en boîte
- 15 cl de crème liquide entière
- 2 feuilles de gélatine Vahiné®
- 20 cl de lait demi-écrémé
- Sel et poivre du moulin

Pour la salade

- 6 tranches fines de jambon cru
- 1 oignon rouge émincé
- 1 paquet de roquette ou de mesclun
- 2 cuillerées à soupe d'herbes hachées (persil, ciboulette, cerfeuil…)
- 1 cuillerée à soupe de vinaigre balsamique
- 3 cuillerées à soupe d'huile d'olive
- 1 cuillerée à soupe de miel
- 2 pincées de curry en poudre
- Sel et poivre du moulin

MENU PÂQUES

Plat

Rôti de veau à la vanille

Préchauffez le four à 210 °C (th. 7).

Coupez les gousses de vanille en deux dans la longueur et enroulez-les autour des ficelles du rôti.

Posez la viande dans un plat allant au four en la tartinant de 30 g de beurre.

Salez et poivrez. Couvrez d'un papier cuisson humecté d'eau et mettez au four pendant 30 minutes à 210 °C puis 20 minutes à 180 °C (th. 6). Arrosez souvent.

Pelez les carottes et coupez-les en rondelles.

Dans une sauteuse, faites fondre le reste de beurre.

Ajoutez les carottes et le thym. Salez et poivrez.

Mélangez, couvrez et laissez cuire à feu doux pendant 30 minutes.

Retirez le rôti du four et laissez-le reposer pendant 10 minutes.

Posez le plat sur le feu et versez-y 10 cl d'eau bouillante en grattant bien le fond avec une cuillère en bois.

Dans un bol, mélangez la moutarde et la crème liquide.

Incorporez le tout à la sauce.

Laissez mijoter à feu doux pendant 5 minutes.

Tranchez le rôti et servez-le avec les carottes et la sauce.

Ingrédients

Pour 6 personnes

- 1 rôti de veau de 1 kg dans le filet et ficelé ou un quasi de veau
- 3 carottes fanes (250 g)
- 2 brins de thym frais
- 20 cl de crème liquide entière
- 1 cuillerée à soupe de moutarde à l'ancienne
- 60 g de beurre demi-sel
- 4 gousses de vanille
- Sel et poivre du moulin

MENU PÂQUES

Accompagnement

Gâteaux d'artichaut et pommes de terre

Coupez les fonds d'artichaut en lamelles.

Dans une poêle antiadhésive, faites revenir dans 3 cuillerées à soupe d'huile les lamelles d'artichaut pendant 2 minutes à feu moyen.

Ajoutez l'ail, le persil et faites revenir l'ensemble pendant 30 secondes.

Versez le jus de citron, salez, poivrez et prolongez la cuisson de 1 minute. Mettez de côté.

Pelez les pommes de terre et râpez-les.

Mélangez-les avec les artichauts.

Recouvrez l'intérieur de six ramequins de 8 x 4 cm avec du film alimentaire.

Garnissez-les de la préparation, tassez bien l'ensemble avec le dos d'une cuillère.

Refermez le film alimentaire et mettez au frigo 1 heure au minimum. Au dernier moment, démoulez les ramequins contenant les gâteaux d'artichaut et retirez le film alimentaire.

Dans une poêle antiadhésive, faites revenir les gâteaux dans le beurre et le reste d'huile à feu moyen pendant 5 minutes de chaque côté jusqu'à ce qu'ils soient dorés.

Dégustez chaud.

Ingrédients

Pour 6 personnes

- 10 fonds d'artichaut
- 4 pommes de terre type charlotte (400 g)
- 1 gousse d'ail hachée
- 2 cuillerées à soupe de jus de citron
- 40 g de beurre
- 6 cuillerées à soupe d'huile d'olive
- 3 cuillerées à soupe de persil haché
- Sel et poivre du moulin

MENU PÂQUES

Dessert

Tarte aux trois chocolats

600g crème f = 60cl.

Préchauffez le four à 180 °C (th. 6).

Étalez la pâte dans un moule à tarte de 28 cm de diamètre.

Recouvrez-la d'un papier sulfurisé, remplissez de haricots secs et mettez au four pendant 25 minutes.

Préparez les trois ganaches.

Dans une casserole, chauffez la crème fraîche et ajoutez le chocolat noir en morceaux. Mélangez bien puis hors du feu ajoutez le beurre. Procédez de la même façon pour le chocolat au lait.

Dans une casserole, chauffez la crème fraîche et ajoutez le chocolat blanc en morceaux. Mélangez bien.

Versez la ganache au chocolat noir dans le fond de la tarte puis laissez durcir au frigo environ 20 minutes.

Versez la ganache au chocolat au lait sur le chocolat noir puis laissez durcir au frigo environ 30 minutes.

Enfin, versez la ganache au chocolat blanc sur le chocolat au lait et laissez durcir le tout au frigo pendant au minimum 6 heures.

Dégustez cette tarte impérativement très froide.

LE CONSEIL DE SOPHIE

Attention, le chocolat ne doit pas être trop chaud (45° C) sinon le beurre ne se mélangera pas.

Ingrédients

Pour 12 personnes

- 1 pâte sablée pur beurre prête à dérouler

Pour la ganache au chocolat noir

- 250 g de chocolat noir
- 200 g de crème fraîche épaisse à 40 % de MG
- 30 g de beurre demi-sel

Pour la ganache au chocolat au lait

- 300 g de chocolat au lait
- 200 g de crème fraîche épaisse à 40 % de MG
- 20 g de beurre demi-sel

Pour la ganache au chocolat blanc

- 400 g de chocolat blanc
- 200 g de crème fraîche épaisse à 40 % de MG

Menu de la semaine

dix-sept

Apéritif

Tapas aux roulés d'asperge

Entrée

Tartelettes au fenouil et aux échalotes

Plat

Cassolettes de langoustines au safran

Dessert

Crème au citron et mascarpone

Apéritif

Tapas aux roulés d'asperge

Préchauffez le four à 200 °C (th. 6-7).

Coupez le bout des asperges avant de les plonger dans de l'eau bouillante salée pendant 10 minutes.

Égouttez-les puis plongez-les dans l'eau froide.

Essuyez-les bien.

Déroulez la pâte feuilletée puis faites des bandes de la taille des morceaux d'asperge.

Enroulez chaque asperge dans une demi-tranche de jambon puis un morceau de pâte feuilletée.

Posez les feuilletés sur la plaque du four recouverte d'un tapis en silicone ou de papier sulfurisé et badigeonnez-les de jaune d'œuf battu avec une cuillerée à café d'eau.

Mettez au four pendant 20 minutes.

Déposez les feuilletés dans des ramequins individuels.

Ingrédients

Pour 12 roulés

- 1 pâte feuilletée prête à dérouler
- 6 tranches fines de jambon cru
- 12 asperges vertes fraîches
- 1 jaune d'œuf

Entrée

Tartelettes au fenouil et aux échalotes

Préchauffez le four à 200 °C (th. 6-7).

Étalez les pâtes dans six moules à tartelettes de 12 cm de diamètre et mettez au frigo le temps de la préparation.

Pelez et coupez les échalotes en deux dans la longueur.

Retirez les premières feuilles des fenouils et émincez-les en fines lamelles.

Dans une poêle antiadhésive, faites revenir dans l'huile à feu doux les échalotes et les fenouils avec un peu de sel pendant 20 minutes en mélangeant régulièrement.

Couvrez d'un papier sulfurisé et laissez tiédir.

Dans un bol, mélangez les œufs avec la crème. Salez, poivrez et incorporez-y la garniture.

Versez le tout dans les moules à tartelettes.

Mettez au four pendant 10 minutes à 200 °C puis 20 minutes à 180 °C (th. 6).

Servez ces tartelettes avec une salade verte.

Ingrédients

Pour 6 personnes

- 2 pâtes feuilletées pur beurre prêtes à dérouler
- 9 échalotes (300 g)
- 2 bulbes de fenouil
- 3 œufs
- 30 cl de crème fraîche épaisse
- 3 cuillerées à soupe d'huile d'olive
- Sel et poivre du moulin

Plat

Cassolettes de langoustines au safran

Séparez les têtes des corps des langoustines et décortiquez les queues.

Pelez et faites cuire les pommes de terre dans de l'eau bouillante salée pendant 30 minutes. Égouttez-les et coupez-les en fines rondelles.

Pelez et émincez finement les carottes et les poireaux en julienne.

Dans une sauteuse, faites revenir dans 30 g de beurre et l'huile la julienne de carottes et de poireaux pendant 10 minutes.

Ajoutez le fumet de poisson, le safran et la crème fraîche. Laissez épaissir à feu moyen pendant 10 minutes.

Roulez les queues de langoustine dans la farine puis faites-les dorer à feu vif dans le beurre restant pendant 30 secondes. Salez, poivrez et mélangez.

Répartissez dans des petites cassolettes les pommes de terre, disposez par-dessus les queues de langoustine ainsi que la julienne de légumes avec la sauce.

Décorez de cerfeuil et servez aussitôt.

LE SECRET DE Sophie

Je décortique plus facilement la queue des langoustines en utilisant une paire de ciseaux. J'ouvre ainsi le ventre des crustacés et je dégage beaucoup plus facilement la carapace, sans m'abîmer les doigts.

L'USTENSILE GAIN DE TEMPS DE SOPHIE

J'utilise l'épluche julienne pour râper rapidement en spaghetti et en petite quantité tous les légumes comme les courgettes, le concombre, les carottes...

Ingrédients

Pour 6 personnes

- 18 langoustines crues
- 400 g de pommes de terre type charlotte
- 2 carottes (150 g)
- 2 blancs de poireaux (200 g)
- 70 g de beurre
- 400 g de crème fraîche épaisse à 40% de MG
- 3 cuillerées à soupe de farine
- 3 capsules de safran Ducros®
- 40 cl de fumet de poisson (40 cl d'eau bouillante + 2 cuillerées à café de fumet de poisson)
- 1 cuillerée à soupe d'huile d'olive
- Sel et poivre du moulin

Pour la déco

- 6 pluches de cerfeuil

Dessert

Crème au citron et mascarpone

Faites ramollir les feuilles de gélatine dans un bol d'eau froide.

Dans une casserole, faites fondre le beurre à feu moyen.

Ajoutez le sucre, le jus et le zeste des citrons ainsi que les œufs entiers préalablement battus. Mélangez.

Faites cuire à feu doux jusqu'aux premiers frémissements puis incorporez la gélatine essorée.

Répartissez la crème au citron dans six coupes ou verres et laissez refroidir. Mettez au frigo pendant 1 heure.

Dans un saladier, fouettez le mascarpone avec les jaunes d'œufs puis incorporez la crème liquide montée en chantilly avec le sucre glace.

Répartissez la préparation sur la crème au citron.

Mettez le tout 2 heures au frigo.

Décorez de fraises ou de framboises au moment de servir.

LE SECRET DE Sophie

J'ai toujours dans mes placards des pots de jus de citron vert et de citron jaune toujours prêts à l'emploi.

Ingrédients

Pour 6 personnes

- 6 œufs entiers + 4 jaunes
- 300 g de mascarpone
- 150 g de beurre
- 200 g de sucre en poudre
- Le zeste de 1 citron jaune
- Le jus de 4 citrons jaunes
- 30 cl de crème liquide entière
- 60 g de sucre glace
- 4 feuilles de gélatine Vahiné®

Pour la déco

- Quelques fraises ou framboises

Menu de la semaine

dix-huit

MENU TOUT ACHETÉ

Apéritif

Couronne de crevettes et sauce cocktail

Entrée

Gaspacho et sa brunoise fraîcheur

Plat

Confit de canard et pommes sarladaises

Dessert

Meringue à la chantilly et à la fraise

MENU TOUT ACHETÉ

Apéritif

Couronne de crevettes et sauce cocktail

Servez les crevettes accompagnées de la sauce cocktail.

LE SECRET DE Sophie

Si vous voulez réaliser vous-même la sauce cocktail, voici la recette : dans un bol, mélangez 200 g de mayonnaise avec 2 cuillerées à soupe de ketchup Heinz®, 1 cuillerée à café de cognac et 1 cuillerée à café de Worcestershire sauce. Salez et poivrez.
Je mets quelques gouttes de jus de citron à la fin de ma mayonnaise, vous serez étonné de sa fermeté !

L'ASTUCE DÉCO DE SOPHIE

Mettez au fond d'un moule à savarin en silicone des pétales de fleur, des tomates cerises, des quartiers de citron, et recouvrez le tout d'eau minérale. Mettez au congélateur pendant au minimum 4 heures. Démoulez la couronne de glace et posez les crevettes à cheval.

Ingrédients

Pour 6 personnes

- 500 g de crevettes cuites décortiquées
- 200 g de sauce cocktail

MENU TOUT ACHETÉ

Entrée

Gaspacho et sa brunoise fraîcheur

Coupez l'avocat, le poivron rouge et le demi-concombre en dés.

Au milieu d'un verre, d'un bol ou d'une assiette creuse, déposez les dés d'avocat, de concombre et de poivron.

Versez le gaspacho bien frais et décorez de basilic.

LE SECRET DE Sophie

Je mixe mon gaspacho avec quatre glaçons et 1 cuillerée à café de mayonnaise juste au moment de servir.

L'ASTUCE DÉCO DE SOPHIE

Vous pouvez utiliser une théière pour présenter le gaspacho ; posez-la sur la table et laissez vos invités se servir.

Ingrédients

Pour 6 personnes

- 1 brique de 1 l de Gazpacho Alvalle Tropicana®

Pour la brunoise

- 1 avocat
- 1 poivron rouge
- 1/2 concombre
- 6 feuilles de basilic

MENU TOUT ACHETÉ

Plat

Confit de canard et pommes sarladaises

Dans une poêle antiadhésive, posez les confits de canard sans matière grasse et faites-les revenir à feu doux jusqu'à ce qu'ils soient dorés.

Gardez au chaud les confits au four à 90 °C (th. 3).

Récupérez la graisse de canard que vous verserez et conserverez dans des pots à confiture.

Pendant ce temps, pelez les pommes de terre et plongez-les dans l'eau afin de retirer l'amidon puis coupez-les en fines rondelles et essuyez-les à l'aide d'un torchon propre.

Dans une sauteuse, faites dorer les pommes de terre dans la graisse de canard à feu moyen pendant 30 minutes.

Ajoutez l'ail et le persil au dernier moment. Salez et poivrez.

LE SECRET DE Sophie

Je n'utilise ni beurre ni huile avec le confit, uniquement la graisse du confit lui-même. Je préfère aussi parsemer de fleur de sel au dernier moment mes pommes de terre.

Ingrédients

Pour 6 personnes

- 1 boîte de 6 confits de canard
- 1,5 kg de pommes de terre type charlotte
- 2 gousses d'ail hachées
- 3 cuillerées à soupe de persil plat haché
- 4 cuillerées à soupe de graisse de canard de la boîte
- Sel et poivre du moulin

MENU TOUT ACHETÉ

Dessert

Meringue à la chantilly et à la fraise

Lavez et équeutez les fraises. Coupez-les en morceaux et mélangez-les avec l'amaretto.

Dans un saladier, mélangez les fraises avec la chantilly et la meringue coupée en morceaux.

Répartissez le tout dans six coupes et décorez de fraises.

Servez aussitôt.

LE SECRET DE Sophie

En mettant la préparation au congélateur, je réalise ainsi un vacherin express. Je le sors environ 10 minutes avant de le servir.

Ingrédients

Pour 6 personnes

- 500 g de fraises ou de framboises
- 1 bombe chantilly
- 1 grosse meringue blanche ou rose ou 18 petites meringues
- 1 cuillerée à soupe de liqueur amaretto (facultatif)

Menu de la semaine

dix-neuf

Apéritif

Roulrouls au jambon

Plat

Épaule d'agneau caramélisée

Accompagnement

Carottes braisées

Dessert

Coques de meringue et glace tequila

Apéritif

Roulrouls au jambon

Déroulez la pâte feuilletée sur le plan de travail.

Parsemez-la de gruyère puis répartissez les tranches de jambon sur toute la surface.

Roulez bien serré et enveloppez le tout avec le papier de la pâte.

Mettez au frigo pendant 1 heure.

Préchauffez le four à 180 °C (th. 6).

Retirez le papier du roulé. Coupez ce dernier en rondelles de 1 cm d'épaisseur que vous déposerez au fur et à mesure sur la plaque du four recouverte d'un tapis en silicone ou de papier sulfurisé (celui de la pâte).

Mettez au four pendant 15 minutes jusqu'à ce que les roulrouls soient bien dorés.

LE CONSEIL DE SOPHIE

La base des roulrouls est fromage + pâte feuilletée, à vous d'imaginer ce que vous voulez mettre à l'intérieur (jambon, saumon fumé...) et avec quel fromage (gruyère, mozzarella, comté...). Faites faire les roulrouls par vos enfants, c'est très simple à réaliser.

Ingrédients

Pour 6 personnes

- 1 pâte feuilletée pur beurre prête à dérouler
- 3 tranches de jambon de Paris
- 100 g de gruyère râpé

Plat

Épaule d'agneau caramélisée

Préchauffez le four à 160 °C (th. 5-6).

Dans une cocotte, faites dorer à feu vif dans l'huile l'épaule d'agneau sur les deux faces. Salez et poivrez.

Versez le vinaigre balsamique et mélangez avec une cuillère en bois en grattant bien le fond de la cocotte.

Ajoutez le miel, les échalotes coupées en deux dans la longueur, les gousses d'ail et le bouquet garni. Poivrez.

Versez le bouillon et mélangez.

Couvrez et mettez au four pendant 2 heures 30.

Retirez l'épaule et le bouquet garni. Posez la viande sur une assiette et recouvrez-la de papier d'aluminium pour la garder au chaud.

Faites réduire à feu vif la sauce jusqu'à ce qu'elle épaississe.

Découpez l'épaule d'agneau et servez accompagné de carottes braisées.

LE CONSEIL DE SOPHIE

Vous pouvez cuire l'épaule d'agneau 24 heures à l'avance. Faites-la cuire seulement 2 heures puis réchauffez-la dans le four à 160 °C pendant 30 minutes. Réduisez ensuite la sauce de la même façon.
Lorsque vous faites dorer l'épaule d'agneau, posez-la à feu vif sur la matière grasse très chaude et laissez-la dorer sans la toucher. Ensuite retournez-la et faites de même de l'autre côté.

Ingrédients

Pour 6 personnes

- 1,5 kg d'épaule d'agneau avec os
- 2 cuillerées à soupe d'huile de tournesol
- 3 cuillerées à soupe de vinaigre balsamique
- 3 cuillerées à soupe de miel liquide
- 6 gousses d'ail entières non épluchées
- 6 échalotes
- 1 bouquet garni (persil, thym, romarin)
- 50 cl de bouillon de pot-au-feu (1 cube pot-au-feu + 50 cl d'eau bouillante)
- Sel et poivre du moulin

Accompagnement

Carottes braisées

Pelez et coupez les carottes en tronçons de 6 cm de longueur.

Dans une cocotte de 16 cm de diamètre, rangez les carottes bien serrées et debout.

Parsemez d'herbes. Salez et poivrez.

Versez l'eau froide sur les carottes et mettez la cocotte sur le feu.

Couvrez et laissez mijoter à feu doux pendant 20 minutes.

Retirez le couvercle et laissez réduire à feu moyen pendant 30 minutes environ.

Après 30 minutes, retournez une par une les carottes.

Ajoutez par-dessus le beurre en morceaux et laissez mijoter encore 10 minutes.

Ingrédients

Pour 6 personnes

- 1,2 kg de carottes
- 50 g de beurre
- 15 cl d'eau
- 1 cuillerée à café d'origan ou de thym
- Sel et poivre du moulin

Dessert

Coques de meringue et glace tequila

Préchauffez le four à 120 °C (th. 4).

À l'aide d'un batteur électrique, fouettez doucement les blancs en y incorporant petit à petit le sucre puis la vanille jusqu'à ce qu'ils soient brillants et fermes.

Garnissez de la meringue une poche à douille munie d'une douille à bout lisse.

Sur la plaque du four recouverte d'un tapis en silicone ou de papier sulfurisé, façonnez une vingtaine de coques de meringue d'environ 5 cm de diamètre en déposant la pâte en spirale à partir du centre.

Mettez au four pendant 30 minutes à 120 °C puis 1 heure à 100 °C (th. 3-4) en maintenant la porte du four entrouverte à l'aide d'une cuillère en bois.

Pendant ce temps, préparez la glace en mélangeant tous les ingrédients.

Mettez au congélateur pendant au minimum 2 heures.

Servez les boules de glace dans les coques de meringue et dégustez aussitôt.

LE SECRET DE Sophie

Pour un buffet, je me sers de moules en forme de mini-sphère de 3 cm de diamètre afin de réaliser les coques de meringue. Pour les mêmes quantités de meringue, j'obtiens cinquante coques et, pour la glace tequila, j'obtiens vingt boules en utilisant une boule à glace de 3,5 cm de diamètre.

Ingrédients

Pour 6/8 personnes

Pour la meringue

- 2 blancs d'œufs (140 g)
- 100 g de sucre en poudre
- 1/2 cuillerée à café de vanille en poudre

Pour la glace tequila

- 250 g de crème fraîche épaisse à 40 % de MG
- 75 g de sucre glace
- 5 cl de jus de citron vert
- 2 cuillerées à soupe de tequila
- 1 cuillerée à soupe de Cointreau®

Menu de la semaine

vingt

Apéritif

Tartines lardons La vache qui rit®

Entrée

Mesclun aux truffes de ricotta

Plat

Escalopes de saumon à la rhubarbe

Dessert

Crémeux à la pistache et aux cerises

Apéritif

Tartines lardons La vache qui rit®

Lavez et émincez le blanc de poireau.

Dans une poêle antiadhésive, faites-le revenir avec les allumettes de lardons à feu moyen dans l'huile pendant 15 minutes en remuant de temps en temps.

Salez et poivrez.

Dans une casserole, faites fondre le fromage avec le vin blanc et mélangez.

À l'aide d'un hachoir, mixez les poireaux et les lardons avec le fromage fondu au vin, pendant 30 secondes.

Mettez au frigo au moins 1 heure.

Servez accompagné de toasts.

Ingrédients

Pour 6 personnes

- 100 g d'allumettes de lardons natures ou fumés
- 1 blanc de poireau (120 g)
- 10 portions de La vache qui rit® (160 g)
- 10 cl de vin blanc
- 2 cuillerées à soupe d'huile d'olive
- Sel et poivre du moulin

Entrée

Mesclun aux truffes de ricotta

Dans un bol, écrasez la ricotta avec une fourchette en y incorporant la menthe.

Façonnez des boulettes avec les mains humidifiées et mettez-les 15 minutes au congélateur pour les raffermir un peu.

Dans un bol, mélangez le miel avec la moutarde, le vinaigre, l'huile et du poivre.

Ajoutez les tomates confites coupées en dés dans la sauce puis les feuilles de mesclun.

Mélangez et répartissez la salade sur des assiettes.

Roulez les boulettes de ricotta dans les olives hachées puis disposez-les sur la salade.

Servez aussitôt.

Ingrédients

Pour 6 personnes

- 350 g de ricotta
- 200 g de mesclun
- 6 pétales de tomate confite
- 300 g d'olives noires dénoyautées hachées
- 3 cuillerées à soupe de menthe ciselée
- 1 cuillerée à soupe de miel liquide
- 1 cuillerée à café de moutarde forte
- 1 cuillerée à soupe de vinaigre balsamique
- 3 cuillerées à soupe d'huile d'olive
- Poivre du moulin

Plat

Escalopes de saumon à la rhubarbe

Avec un économe, épluchez la rhubarbe en enlevant la pellicule et les filaments qui enveloppent les tiges. Coupez-la en tronçons de 5 cm de longueur.

Pelez et coupez les pommes en huit quartiers.

Mettez la rhubarbe et les pommes dans une casserole sans matière grasse avec 5 cl d'eau, couvrez et laissez mijoter 10 minutes à feu doux jusqu'à ce que la rhubarbe fonde.

Retirez le couvercle, ajoutez la crème fraîche, du sel et du poivre et mélangez.

Dans une poêle antiadhésive, faites cuire les pavés de saumon côté peau uniquement, dans l'huile chaude, à feu doux, pendant 15 minutes environ.

Servez les pavés de saumon accompagnés de la rhubarbe et d'un peu de fleur de sel et de poivre.

LE SECRET DE Sophie

Je mets des pommes dans la rhubarbe pour retirer l'acidité de celle-ci.

Ingrédients

Pour 6 personnes

- 6 pavés de saumon de 150 g chacun
- 500 g net de rhubarbe
- 2 pommes Pink Lady®
- 3 cuillerées à soupe de crème fraîche épaisse à 40 % de MG
- 2 cuillerées à soupe d'huile d'olive
- Sel, fleur de sel et poivre du moulin

Dessert

Crémeux à la pistache et aux cerises

Préchauffez le four à 120 °C (th. 4).

Pour les crémeux à la pistache, mélangez dans un saladier les jaunes d'œufs avec le sucre et la crème liquide.

Dans une casserole, portez le lait à ébullition.

Versez le lait bouillant sur le mélange œufs-crème.

Incorporez quelques gouttes de colorants ainsi que quelques gouttes d'arôme de pistache.

Versez le tout dans des moules à mini-savarins en silicone de 8 cm de diamètre et mettez au four pendant 30 minutes.

Laissez refroidir puis mettez au congélateur au moins 2 heures et jusqu'au moment de dresser.

Pour les cerises en gelée, faites ramollir les feuilles de gélatine dans un bol d'eau froide.

Dans une casserole, mélangez les cerises avec le sucre en poudre et le sucre vanillé.

Laissez mijoter 10 minutes à feu doux et ajoutez la gélatine essorée. Mélangez.

Mettez au frigo jusqu'à utilisation.

Sur chaque sablé, déposez un mini-savarin à la pistache encore surgelé.

Garnissez le milieu de la compotée de cerises.

Attendez 20 minutes avant de servir afin que le crémeux décongèle.

LE CONSEIL DE SOPHIE

Vous trouverez facilement sur Internet tous les arômes et colorants alimentaires.

Ingrédients

Pour 6 personnes

Pour les crémeux

- 3 jaunes d'œufs
- 30 g de sucre en poudre
- 15 cl de crème liquide entière
- 15 cl de lait demi-écrémé
- Colorants vert et jaune Vahiné®
- Arôme naturel de pistache
- 6 grands sablés ronds

Pour la compotée de cerises

- 200 g de cerises burlat dénoyautées fraîches ou surgelées
- 40 g de sucre en poudre
- 1 sachet de sucre vanillé
- 2 feuilles de gélatine Vahiné®

Menu de la semaine

vingt-et-une

FÊTE DES MÈRES

Apéritif

Rémoulade de bulots aux asperges

Entrée

Carpaccio de bœuf au basilic

Plat

Tartelettes d'écrevisses aux oignons

Dessert

Fraisier au chocolat blanc

Entrée

Carpaccio de bœuf au basilic

Dans un mixer blender, mixez les feuilles de basilic (réservez quelques feuilles pour la décoration) avec tous les ingrédients du pesto.

Dans chaque assiette, répartissez les tranches de bœuf.

Étalez le pesto par-dessus puis parsemez de copeaux de parmesan et de feuilles de basilic.

Servez aussitôt accompagné de gressins.

LE CONSEIL DE SOPHIE

Vous pouvez remplacer le carpaccio par du steak haché cru.

Ingrédients

Pour 6 personnes

- 600 g de tranches fines de bœuf en carpaccio
- 40 g de parmesan frais en copeaux

Pour le pesto

- 2 bouquets de basilic (dont quelques feuilles pour la décoration)
- 2 gousses d'ail épluchées
- 80 g de pignons de pin
- 80 g de parmesan râpé
- 25 cl d'huile d'olive
- Sel et poivre du moulin

FÊTE DES MÈRES

Plat

Tartelettes d'écrevisses aux oignons

Dans une poêle antiadhésive, mettez les lardons avec les oignons et le thym dans deux cuillerées à soupe d'huile. Salez et laissez mijoter pendant 15 minutes à feu moyen.

Préchauffez le four à 200 °C (th. 6-7).

Découpez trois disques de 14 cm de diamètre dans chaque pâte feuilletée puis posez-les sur la plaque du four recouverte d'un tapis en silicone ou de papier sulfurisé.

Répartissez sur chaque disque les oignons et les lardons et mettez au four pendant 10 minutes.

Retirez les tartelettes du four.

Répartissez les écrevisses (une quinzaine) sur chaque tartelette.

Salez, poivrez et arrosez avec le jus de citron et l'huile restante.

Remettez au four pendant 5 minutes.

Servez aussitôt.

LE SECRET DE Sophie

Quand je n'arrive pas à trouver d'écrevisses fraîches, j'en achète des surgelées chez Picard®.

Ingrédients

Pour 6 personnes

- 2 pâtes feuilletées pur beurre prêtes à dérouler
- 300 g de queues d'écrevisse nature, cuites et décortiquées
- 200 g d'allumettes de lardons fumés
- 6 oignons émincés (500 g)
- Le jus de 1/2 citron
- 1 cuillerée à café de thym
- 4 cuillerées à soupe d'huile d'olive
- Sel et poivre du moulin

FÊTE DES MÈRES

Dessert

Fraisier au chocolat blanc

Préparez le biscuit madeleine.

Préchauffez le four à 180 °C (th. 6).

Dans un saladier ou un robot, mélangez les œufs avec le sucre, la farine et le beurre.

Étalez la pâte sur la plaque du four recouverte d'un tapis en silicone ou de papier sulfurisé.

Mettez au four pendant 15 minutes puis démoulez.

Préparez la mousse au chocolat blanc.

Mettez les feuilles de gélatine dans un bol d'eau froide.

Faites fondre à feu doux le chocolat blanc coupé en morceaux avec le lait et le zeste du citron.

Hors du feu, ajoutez les feuilles de gélatine essorées et mélangez. Laissez refroidir.

Incorporez la crème fouettée.

Montez le fraisier.

À l'aide d'un des cercles de 8 x 4,5 cm, découpez six ronds de biscuit madeleine.

Déposez un rond de biscuit dans chaque cercle.

Garnissez l'intérieur de mousse au chocolat blanc.

Mettez au frigo pendant au minimum 1 heure.

Servez accompagné d'un coulis de fraises (voir la recette page 156).

Ingrédients

Pour 6 personnes

- 6 cercles à mousse
- 375 g de fraises ou de framboises

Pour le biscuit madeleine

- 2 œufs
- 130 g de sucre en poudre
- 130 g de farine avec poudre levante incorporée
- 130 g de beurre fondu

Pour la mousse au chocolat blanc

- 150 g de chocolat blanc
- Le zeste de 1/2 citron vert
- 1 bombe chantilly ou 20 cl de crème liquide montée en chantilly
- 3 feuilles de gélatine Vahiné®
- 15 cl de lait entier ou demi-écrémé

Menu de la semaine

vingt-deux

Apéritif

Saumon au sésame

Plat

Travers de porc aux légumes confits

Accompagnement

Lentilles au chorizo

Dessert

Tarte à la rhubarbe et à l'orange

Apéritif

Saumon au sésame

Préchauffez le four à 240 °C (th. 8).

Coupez les pavés de saumon en gros cubes de 3 cm environ. Salez et poivrez.

Posez un seul côté des cubes de saumon dans les graines de sésame puis placez-les sur la plaque du four recouverte d'un tapis en silicone ou de papier sulfurisé.

Mettez au four pendant 3 minutes.

Dans un bol, mélangez tous les ingrédients de la sauce. Salez et poivrez.

Servez les cubes de saumon chauds ou froids à température ambiante, piqués au bout d'une pique en bois, accompagnés de la sauce.

Ingrédients

Pour environ 30 piques

- 400 g de pavés de saumon sans la peau
- 3 cuillerées à soupe de graines de sésame dorées
- Fleur de sel et poivre du moulin

Pour la sauce

- 2 cuillerées à soupe de jus de citron vert
- 1 cuillerée à soupe de jus de citron jaune
- 6 cl de jus d'orange
- 1 yaourt à la grecque
- Sel et poivre du moulin

Plat

Travers de porc aux légumes confits

Préchauffez votre four à 240 °C (th. 8).

Coupez la base des fenouils puis émincez-les finement. Pelez les carottes et coupez-les en rondelles. Pelez les oignons et coupez-les en quatre.

Déposez tous les légumes ainsi que les gousses d'ail dans un plat allant au four.

Versez le vin et mélangez.

Posez les travers de porc sur les légumes puis huilez-les avec les mains.

Salez, poivrez et parsemez de thym.

Mettez au four pendant 15 minutes.

Baissez la température du four à 160 °C (th. 5-6) et laissez cuire le porc pendant 2 heures en retournant le tout de temps en temps. Les travers doivent être caramélisés et les légumes bien confits.

Servez les travers avec les lentilles au chorizo.

LE CONSEIL DE SOPHIE

Vous pouvez remplacer les lentilles par des pommes de terre. Lavez alors 800 g de pommes de terre roseval et coupez-les en deux sans les éplucher. Déposez-les avec les travers de porc en même temps que les légumes.

Ingrédients

Pour 10 personnes

- 2 kg de travers de porc
- 2 bulbes de fenouil
- 3 carottes
- 3 oignons rouges
- 12 gousses d'ail entières non épluchées
- 2 brins de thym
- 40 cl de vin blanc
- 4 cuillerées à soupe d'huile d'olive
- Sel et poivre du moulin

Accompagnement

Lentilles au chorizo

Pelez la tomate, épépinez-la et coupez-la en morceaux.

Coupez la moitié du chorizo en petits dés et le reste en rondelles.

Dans une casserole, faites revenir dans l'huile l'oignon avec la gousse d'ail à feu moyen pendant 1 minute.

Ajoutez la tomate, les lentilles, le cumin et le vin. Laissez mijoter pendant 10 minutes à couvert en remuant de temps en temps.

Ajoutez les dés de chorizo et versez le bouillon de légumes.

Laissez mijoter à feu doux pendant 40 minutes.

Ajoutez les rondelles de chorizo, goûtez et rectifiez l'assaisonnement.

Ingrédients

Pour 6 personnes

- 150 g de chorizo doux
- 200 g de lentilles vertes du Puy
- 1 tomate
- 1 oignon haché
- 1 gousse d'ail hachée
- 30 cl de vin rouge
- 40 cl de bouillon de légumes (40 cl d'eau bouillante + 2 cubes de bouillon de légumes)
- 1/2 cuillerée à café de cumin en poudre
- 2 cuillerées à soupe d'huile d'olive
- Sel et poivre du moulin

Dessert

Tarte à la rhubarbe et à l'orange

Étalez la pâte sablée dans un moule à tarte de 28 cm de diamètre. Mettez au frigo le temps de la préparation.

Avec un économe, pelez et coupez la rhubarbe en morceaux de 2 cm environ.

Dans une casserole, faites bouillir 1 l d'eau et ajoutez la rhubarbe avec 300 g de sucre.

Dès l'ébullition, versez la rhubarbe dans une passoire et laissez égoutter pendant 30 minutes.

Préchauffez le four à 200 °C (th. 6-7).

Dans un saladier ou un robot, mélangez le beurre avec le restant de sucre, la poudre d'amande, le jus et le zeste des oranges ainsi que la farine.

Incorporez les œufs un par un puis le Cointreau®.

Répartissez la rhubarbe sur le fond de la tarte puis versez la préparation par-dessus.

Mettez au four à 200 °C pendant 10 minutes puis à 180 °C (th. 6) pendant 25 minutes. Démoulez et laissez refroidir sur une grille.

Servez tiède ou froid à température ambiante.

Ingrédients

Pour 6/8 personnes

- 1 pâte sablée pur beurre prête à dérouler
- 1 kg brut de rhubarbe
- Le zeste et le jus de 2 oranges
- 3 œufs
- 450 g de sucre en poudre
- 150 g de poudre d'amande
- 20 g de farine
- 125 g de beurre mou
- 2 cuillerées à soupe de Cointreau® (facultatif)

Menu de la semaine

vingt-trois

Apéritif

Crevettes grises

Entrée

Croustillants au crabe

Plat

Poulet au curry

Dessert

Gratin de fruits rouges et marsala

Apéritif

Crevettes grises

Dans une grande poêle, faites fondre le beurre à feu vif.

Lorsqu'il est bien chaud, jetez-y les crevettes.

Laissez cuire 3 minutes à feu vif en remuant souvent.

Ajoutez l'ail et le persil.

Salez, poivrez et servez aussitôt.

Les crevettes se mangent entières avec les mains.

LE CONSEIL DE SOPHIE

Si vous n'avez pas de poêle assez grande, il est préférable d'en utiliser deux afin que les crevettes soient étalées sur une seule couche.

Ingrédients

Pour 6 personnes

- 600 g de crevettes grises
- 2 gousses d'ail hachées
- 3 cuillerées à soupe de persil haché
- 80 g de beurre demi-sel
- Fleur de sel et poivre du moulin

Entrée

Croustillants au crabe

Émincez finement les petits oignons avec leur vert.

Dans un saladier, mélangez la chair de crabe avec la mayonnaise et les oignons émincés. Salez et poivrez. Mettez au frigo.

Préchauffez le four à 210 °C (th. 7).

Découpez deux feuilles de brick en lamelles avec une paire de ciseaux.

Déposez-les sur la plaque du four recouverte d'un tapis en silicone ou de papier sulfurisé puis badigeonnez-les de beurre fondu mélangé au paprika.

Mettez au four pendant 10 minutes. Laissez refroidir.

Répartissez la préparation dans un verre. Parsemez de lamelles de feuille de brick croustillantes ainsi que de feuilles de salade et de cerfeuil.

Ingrédients

Pour 6 personnes

- 2 boîtes de 170 g net de chair de crabe avec pattes et morceaux Nautilus®
- 2 petits oignons botte
- 2 feuilles de brick
- 200 g de mayonnaise
- 50 g de beurre
- 1 cuillerée à café de paprika
- 6 pluches de cerfeuil
- Sel et poivre du moulin

Plat

Poulet au curry

Dans une sauteuse, faites revenir les oignons dans l'huile chaude avec le cumin, la cannelle, le curry et le curcuma pendant 5 minutes à feu doux.

Ajoutez l'ail, le gingembre, la coriandre et faites de nouveau revenir pendant 2 minutes à feu doux.

Ajoutez le concentré de tomates, mélangez puis incorporez le lait de coco et l'eau.

Ajoutez les morceaux de poulet et salez.

Laissez mijoter l'ensemble pendant 35 minutes.

Si votre sauce est trop liquide, retirez le poulet et remettez à chauffer jusqu'à ce qu'elle épaississe.

Servez avec du riz parsemé de noix de coco râpée, de noix de cajou, de raisins secs et de coriandre.

Ingrédients

Pour 6 personnes

- 1,5 kg de poulet coupé en morceaux
- 3 oignons rouges émincés
- 4 gousses d'ail hachées
- 10 g de gingembre râpé
- 120 g de concentré de tomates
- 1 boîte de 40 cl de lait de coco
- 60 cl d'eau chaude
- 4 cuillerées à soupe d'huile de tournesol
- 2 cuillerées à soupe de coriandre ciselée
- 4 cuillerées à soupe de curry
- 2 cuillerées à soupe de cannelle
- 1 cuillerée à soupe de cumin
- 1 cuillerée à soupe de curcuma
- Sel

Dessert

Gratin de fruits rouges et marsala

Lavez les fraises, équeutez-les puis coupez-les en quatre.

Dans un saladier, mélangez les fraises avec les framboises. Ajoutez le sucre et le marsala.

Dans un autre bol, mélangez le mascarpone avec la poudre d'amande, les jaunes d'œufs et le sucre glace.

À l'aide d'un batteur électrique, montez la crème liquide bien froide en chantilly et incorporez-la à la crème d'amande.

Répartissez les fruits dans des plats à gratin individuels et nappez de crème d'amande.

Mettez le tout sous le gril du four 3 minutes en surveillant la coloration : les fruits ne doivent pas cuire.

Servez aussitôt.

Ingrédients

Pour 6 personnes

- 450 g de fraises
- 250 g de framboises
- 100 g de mascarpone
- 3 jaunes d'œufs
- 3 cuillerées à soupe de sucre en poudre
- 80 g de poudre d'amande
- 80 g de sucre glace
- 10 cl de crème liquide entière
- 5 cuillerées à soupe de marsala ou d'amaretto

Menu de la semaine

vingt-quatre

FÊTE DES PÈRES

Apéritif

Roulés d'omelette au carpaccio de bœuf

Entrée

Fondants de mozzarella aux tomates

Plat

Noix de Saint-Jacques croustillantes

Dessert

Tartouillat aux cerises

FÊTE DES PÈRES

Apéritif

Roulés d'omelette au carpaccio de bœuf

Dans un bol, cassez les œufs.

Ajoutez le curry et les herbes hachées. Salez, poivrez et mélangez mais ne battez pas les œufs trop longtemps sinon ils se liquéfient et l'omelette sera plus lourde.

Dans une poêle antiadhésive, faites chauffer l'huile.

Versez un peu de la préparation comme si vous faisiez une crêpe.

Faites cuire chaque crêpe d'omelette 30 secondes de chaque côté.

Quand les six crêpes sont faites, posez-les sur une planche.

Étalez dessus quelques tranches de carpaccio.

Roulez le tout et coupez le roulé en quatre tronçons.

Piquez chaque tronçon en égalisant bien les bords.

LE CONSEIL DE SOPHIE

Vous pouvez remplacer la viande par du saumon fumé et tremper vos roulés dans de la sauce soja.

Ingrédients

Pour 6 personnes

- 1 paquet de carpaccio de bœuf (une trentaine de tranches)
- 6 œufs
- 4 cuillerées à soupe d'herbes hachées
- 24 brins de ciboulette
- 2 cuillerées à soupe d'huile d'olive
- 1 cuillerée à soupe de curry
- Sel et poivre du moulin

FÊTE DES PÈRES

Entrée

Fondants de mozzarella aux tomates

Dans une sauteuse, faites revenir à feu doux dans l'huile les gousses d'ail pendant 30 secondes.

Ajoutez la pulpe de tomate et le basilic.

Salez, poivrez et laissez mijoter à feu moyen pendant 10 minutes jusqu'à ce que la sauce réduise et épaississe.

Préchauffez le four à 160 °C (th. 5-6).

Répartissez la sauce tomate dans six bols et placez au milieu une rondelle de mozzarella de 1 cm d'épaisseur environ.

Mettez au four pendant environ 20 minutes jusqu'à ce que le fromage soit presque fondu.

Poivrez et servez tiède accompagné de croûtons de pain et de feuilles de basilic.

Ingrédients

Pour 6 personnes

- 2 boîtes de 400 g de pulpe de tomate en dés
- 2 boules de mozzarella de bufflonne de préférence
- 3 gousses d'ail hachées
- 3 cuillerées à soupe de basilic ciselé
- 1 cuillerée à soupe d'huile d'olive
- Sel et poivre du moulin

FÊTE DES PÈRES

Plat

Noix de Saint-Jacques croustillantes

Commencez par préparer la sauce au cresson en faisant blanchir les feuilles de cresson pendant 1 minute dans une grande casserole d'eau bouillante salée. Puis plongez-les dans de l'eau glacée et égouttez-les.

Mixez le cresson avec la moutarde et l'huile.

Ajoutez le jus de citron, salez, poivrez et mélangez. Mettez de côté.

À l'aide d'un Alligator®, coupez tous les légumes en dés et faites-les revenir dans une sauteuse avec l'huile à feu moyen pendant 25 minutes jusqu'à ce qu'ils soient fondants. Salez et poivrez.

Coupez les feuilles de brick en lamelles et farinez légèrement les Saint-Jacques.

Trempez les noix une par une dans les œufs battus délayés avec une cuillerée à café d'eau puis dans la julienne de feuilles de brick en pressant bien.

Dans une poêle antiadhésive, faites dorer dans l'huile chaude à feu vif les noix de Saint-Jacques pendant 1 minute de chaque côté.

Répartissez la ratatouille dans chaque assiette. Posez les noix de Saint-Jacques par-dessus et entourez le tout de la sauce au cresson.

Servez aussitôt.

LE CONSEIL DE SOPHIE

Si vous utilisez des noix de Saint-Jacques surgelées, faites-les décongeler dans moitié lait, moitié eau afin de conserver leur moelleux. Égouttez-les et essuyez-les bien avant de les faire cuire.

Ingrédients

Pour 6 personnes

- 18 noix de Saint-Jacques
- 2 œufs
- Farine
- 3 feuilles de brick
- 2 cuillerées à soupe d'huile d'olive
- Sel et poivre du moulin

Pour la ratatouille

- 1 petite courgette
- 1 petite aubergine
- 1 petit poivron rouge
- 2 tomates
- 1 oignon
- 1 gousse d'ail
- 3 cuillerées à soupe d'huile d'olive

Pour la sauce au cresson

- 1 sachet de cresson (125 g)
- 15 cl d'huile d'olive
- 1 cuillerée à café de moutarde forte
- Le jus de 1/2 citron

FÊTE DES PÈRES

Dessert

Tartouillat aux cerises

Dans une casserole, portez le lait à ébullition.

Dans un saladier, mélangez les œufs avec le sucre, la farine, la vanille puis le beurre.

Versez petit à petit le lait préalablement chauffé ainsi que le ratafia dans la préparation.

Préchauffez le four à 210 °C (th. 7).

Répartissez les cerises au fond d'un moule à manqué de 24 cm de diamètre. Beurrez-le s'il n'est pas en silicone.

Versez la pâte.

Mettez au four pendant 40 minutes.

Laissez tiédir et démoulez.

Servez ce gâteau tiède ou froid à température ambiante, accompagné d'une glace à la vanille.

Ingrédients

Pour 6 personnes

- 600 g de cerises burlat dénoyautées fraîches ou surgelées
- 4 œufs
- 150 g de farine
- 110 g de sucre en poudre
- 100 g de beurre demi-sel fondu
- 50 cl de lait entier ou demi-écrémé
- 5 cl de ratafia de Bourgogne rouge (facultatif)
- 1/2 cuillerée à café de vanille en poudre

Pintemps

brunch

Rouleaux de printemps au poulet
et à la moutarde

Pain maison

Œufs brouillés

Yaourts de La Maison de Sophie

Robinson

été

Menu de la semaine

vingt-cinq

Entrée

Cadeaux au saumon fumé

Plat

Filets de rouget au tartare d'olives

Fromage

Plateau de fromages et ses souris

Dessert

Mousse de ricotta au citron vert

Entrée

Cadeaux au saumon fumé

Coupez douze longues lanières autour du cœur du concombre avec un économe.

Coupez le reste du concombre en petits dés.

Dans un bol, mélangez la moutarde avec le jus de citron et la crème fraîche.

Ajoutez le cumin, le sel, le poivre, la ciboulette, les dés de concombre et les œufs de saumon. Mélangez.

Répartissez la préparation au milieu des tranches de saumon.

Rabattez les côtés pour former un petit rectangle, puis repliez les bords.

Retournez chaque gâteau de saumon.

Posez-le sur un ruban de concombre puis fermez-le comme un paquet cadeau.

Mettez au frigo 1 heure avant de servir.

Dégustez accompagné de toasts et de salade.

L'USTENSILE GAIN DE TEMPS DE SOPHIE

Le rasoir économe est bien pratique pour peler tous les légumes longs tels que les carottes, les concombres, les asperges... Jl permet également de réaliser des légumes en tagliatelles et des copeaux de fromage.

Ingrédients

Pour 6 personnes

- 12 tranches de saumon fumé (450 g)
- 1 pot d'œufs de saumon
- 1 concombre
- Le jus de 1/2 citron
- 100 g de crème fraîche épaisse à 40% de MG
- 1 cuillerée à café de moutarde forte
- 1/2 cuillerée à café de graines de cumin
- 3 cuillerées à soupe de ciboulette ciselée
- Sel et poivre cinq-baies Ducros®

Plat

Filets de rouget au tartare d'olives

Préchauffez le four à 240 °C (th. 8).

Dans un bol, mélangez le jus de citron avec 3 cuillerées à soupe d'huile et du poivre.

Avec un couteau, hachez les olives vertes et 50 g d'olives noires.

Dans un bol, mélangez l'ail avec 30 g de pignons de pin hachés, le basilic, la ciboulette ciselée et les olives hachées.

Huilez six grands rectangles de papier d'aluminium.

Posez sur chacun un filet de rouget. Couvrez de tartare aux olives puis d'un autre filet de rouget. Poivrez.

Liez chaque ensemble avec un brin de ciboulette.

Recouvrez d'un second rectangle de papier d'aluminium puis fermez les papillotes de tous les côtés en roulant bien les bords.

Mettez au four pendant 5 minutes.

Ouvrez les papillotes et posez-les sur les assiettes.

Décorez d'olives noires et de pignons restants.

Arrosez de sauce au citron et servez aussitôt, accompagné de courgettes sautées.

Ingrédients

Pour 6 personnes

- 12 filets de rouget-barbet
- 100 g d'olives vertes dénoyautées
- 100 g d'olives noires dénoyautées
- 1 gousse d'ail hachée
- 4 cuillerées à soupe de basilic haché
- 3 cuillerées à soupe de ciboulette ciselée + 6 brins
- 1 cuillerée à soupe de jus de citron
- 50 g de pignons de pin
- 4 cuillerées à soupe d'huile d'olive
- Poivre du moulin

Fromage

Plateau de fromages et ses souris

Dans un saladier, mélangez la farine avec la crème fraîche, l'eau et le pont-l'évêque coupé en petits morceaux. Ajoutez les graines de sésame et la fleur de sel.

Couvrez et laissez reposer pendant 2 heures au frigo.

Préchauffez le four à 180 °C (th. 6).

Aplatissez la pâte au rouleau sur une surface farinée.

Dessinez et découpez une planche puis posez-la sur la plaque du four recouverte d'un tapis en silicone ou de papier sulfurisé.

Mettez au four pendant 35 minutes.

Servez le plateau accompagné d'un gros morceau de gruyère plein de trous avec des radis en forme de souris à l'intérieur.

Ingrédients

Pour 1 plateau

- 1 pont-l'évêque bien fait sans la croûte
- 150 g de farine avec poudre levante incorporée (ou 150 g de farine + 1/2 sachet de levure)
- 30 g de crème fraîche épaisse à 40 % de MG
- 2 cuillerées à soupe de graines de sésame ou de carvi
- 4 cuillerées à soupe d'eau
- Fleur de sel

Pour la déco

- Une dizaine de radis
- 1 morceau de gruyère de la grosseur de votre choix
- Une vingtaine de clous de girofle pour les yeux des souris

Dessert

Mousse de ricotta au citron vert

Dans un bol d'eau froide, faites ramollir les feuilles de gélatine.

Dans un saladier, mélangez la ricotta avec le sucre, le jus et le zeste des citrons verts.

Dans un bol, fouettez les feuilles de gélatine légèrement essorées avec l'eau bouillante puis incorporez-les à la préparation.

Répartissez le tout dans des verrines et mettez au frigo pendant 2 heures.

Décorez de framboises et de feuilles de menthe.

Ingrédients

Pour 6 personnes

- 500 g de ricotta
- 100 g de sucre en poudre
- Le jus et le zeste de 2 citrons verts
- 2 feuilles de gélatine Vahiné®
- 2 cuillerées à soupe d'eau

Pour la déco

- 250 g de framboises
- Quelques feuilles de menthe

Menu de la semaine

vingt-six

Apéritif

Sablés au parmesan

Entrée

Coupes des Grisons aux haricots verts

Plat

Dés de lapin au beurre de menthe

Dessert

Fontainebleau aux fraises

Apéritif

Sablés au parmesan

Préchauffez le four à 180 °C (th. 6).

Dans un saladier ou un robot, mélangez le parmesan avec la farine et le beurre.

À l'aide de vos mains, formez des boules de pâte d'environ 15 g chacune.

Posez-les au fur et à mesure sur la plaque du four recouverte d'un tapis en silicone ou de papier sulfurisé.

Découpez les tomates cerise en deux puis enfoncez-les délicatement dans les boules en les aplatissant.

Mettez au four pendant 10 minutes.

Laissez refroidir sur une grille.

LE CONSEIL DE SOPHIE

Vous pouvez parsemer les sablés de graines de sésame ou de pavot avant de les mettre à cuire.

L'ASTUCE DÉCO DE SOPHIE

Vous pouvez présenter les sablés dans des cornets en papier.

Ingrédients

Pour 30 sablés

- 150 g de parmesan râpé
- 15 tomates cerise
- 150 g de farine
- 150 g de beurre doux mou

Entrée

Coupes des Grisons aux haricots verts

Commencez par préparer la garniture.

Dans une casserole d'eau bouillante salée, mettez les haricots verts équeutés sans couvrir et faites-les cuire pendant 10 minutes. Égouttez-les et passez-les sous l'eau froide afin de stopper la cuisson.

Épluchez et coupez l'avocat en lamelles.

Égouttez les tomates confites en gardant l'huile et coupez-les en deux.

Préchauffez le four à 180 °C (th. 6).

Réalisez les coupes des Grisons.

Déposez quatre tranches de viande des Grisons en corolle dans chaque empreinte d'un moule à muffins.

Mettez au four pendant 10 minutes.

Pendant ce temps, préparez la sauce.

Dans une casserole, portez à ébullition à feu vif le porto, le vinaigre et les échalotes. Faites réduire le tout de moitié et laissez tiédir.

Ajoutez l'huile des tomates, salez et poivrez.

Mélangez les haricots verts, les lamelles d'avocat et les tomates confites avec la sauce. Goûtez et rectifiez l'assaisonnement.

Répartissez la préparation dans les coupes des Grisons.

Parsemez de pignons de pin, décorez de cerfeuil et servez aussitôt.

Ingrédients

Pour 6 personnes

Pour la garniture

- 500 g de haricots verts
- 1 avocat
- 6 tomates confites
- 20 g de pignons de pin
- 6 pluches de cerfeuil

Pour les coupes des Grisons

- 24 tranches de viande des Grisons

Pour la sauce

- 20 cl de porto rouge
- 2 échalotes hachées
- 2 cuillerées à soupe de vinaigre balsamique
- 3 cuillerées à soupe d'huile des tomates confites
- Sel et poivre du moulin

Plat

Dés de lapin au beurre de menthe

Préparez le beurre de menthe.

Effeuillez les brins de menthe et ciselez-les.

Écrasez le beurre à la fourchette.

Incorporez au beurre la menthe ciselée et le piment d'Espelette.

Enveloppez le tout dans un film alimentaire et mettez au frigo.

Coupez le lapin en dés. Salez, poivrez et farinez les dés.

Dans une sauteuse, faites dorer les dés de lapin dans l'huile pendant 10 minutes à feu moyen.

Versez le vinaigre balsamique. Laissez mijoter de nouveau 3 minutes le temps que le vinaigre réduise sans cesser de mélanger.

Incorporez petit à petit le beurre de menthe bien froid et coupé en morceaux.

Servez accompagné de pâtes fraîches.

L'ASTUCE DÉCO DE SOPHIE

Servez les dés de lapin ainsi que les pâtes dans des bocaux ou des pots en terre de jardinerie recouverts de papier sulfurisé.

Ingrédients

Pour 6 personnes

- 900 g de filets de lapin désossés par votre boucher
- 2 cuillerées à soupe de farine
- 3 cuillerées à soupe de vinaigre balsamique
- 2 cuillerées à soupe d'huile d'olive
- Sel et poivre du moulin

Pour le beurre de menthe

- 80 g de beurre demi-sel
- 1 bouquet de menthe (20 g)
- 1 pincée de piment d'Espelette

Menu de la semaine

vingt-sept

MENU BELLE-MAMAN

Entrée

Salade en corbeille de pain

Plat

Gigot de 7 heures

Accompagnement

Ratatouille confite

Dessert

Super gâteau aux abricots

MENU BELLE-MAMAN

Entrée

Salade en corbeille de pain

Coupez sur le haut de chaque petit pain un couvercle de 1 cm de diamètre. Réservez les couvercles.

Retirez la mie des petits pains.

Dans un bol, mélangez tous les ingrédients de la vinaigrette. Salez et poivrez.

Pelez le demi-concombre, coupez-le, épépinez-le et taillez-le en bâtonnets.

Dans un saladier, mélangez le mesclun avec le concombre et la vinaigrette.

Goûtez et rectifiez l'assaisonnement si nécessaire.

Remplissez les petits pains puis posez les couvercles.

Servez aussitôt.

Ingrédients

Pour 6 personnes

- 6 petits pains ronds
- 150 g de salade mesclun
- 1/2 concombre

Pour la vinaigrette

- 1 cuillerée à soupe de vinaigre balsamique
- 3 cuillerées à soupe d'huile d'olive
- 3 cuillerées à soupe de persil plat ciselé
- 2 cuillerées à soupe de ciboulette ciselée
- 1 gousse d'ail hachée
- Sel et poivre du moulin

MENU BELLE-MAMAN

Plat

Gigot de 7 heures

Préchauffez le four à 120 °C (th. 4).

Dans une cocotte en fonte, faites dorer le gigot sur toutes ses faces dans l'huile à feu moyen.

Ajoutez les gousses d'ail entières puis la cannelle.

Salez, poivrez et mélangez.

Faites flamber le vin blanc dans une casserole puis versez-le sur le gigot. Mélangez.

Fermez la cocotte avec le couvercle et mettez au four pendant 7 heures sans ouvrir.

Au bout des 7 heures, retirez le gigot ainsi que les gousses d'ail et faites réduire à feu vif la sauce avec le fond de veau jusqu'à ce qu'elle épaississe.

Servez directement dans la cocotte et accompagné d'une ratatouille ou d'une purée.

Ingrédients

Pour 6/8 personnes

- 1 gigot d'agneau d'environ 2 kg avec os
- 3 têtes d'ail (environ 30 gousses)
- 1 bouteille de vin blanc moelleux type coteaux-du-layon ou monbazillac
- 2 cuillerées à soupe d'huile d'olive
- 2 cuillerées à café de fond de veau déshydraté
- 2 cuillerées à soupe rases de cannelle en poudre ou de quatre-épices
- Sel et poivre du moulin

MENU BELLE-MAMAN

Accompagnement

Ratatouille confite

Préchauffez le four à 160 °C (th. 5-6).

Dans un plat à gratin, mettez la ratatouille cuisinée surgelée.

Ajoutez l'huile et les herbes.

Salez, poivrez et mélangez.

Mettez au four pendant 1 heure 30 en remuant de temps en temps jusqu'à ce que la ratatouille soit bien confite.

LE CONSEIL DE SOPHIE

Cette ratatouille accompagne très bien le veau, l'agneau ou le poisson. L'essayer, c'est l'adopter !

Ingrédients

Pour 6/8 personnes

- 2 kg de ratatouille cuisinée surgelée Picard®
- 1 cuillerée à soupe d'herbes de Provence
- 10 cl d'huile d'olive
- Sel et poivre du moulin

MENU BELLE-MAMAN

Dessert

Super gâteau aux abricots

Préchauffez le four à 180 °C (th. 6).

Dans un saladier, à l'aide d'un fouet, mélangez le beurre avec le sucre.

Ajoutez les œufs un à un puis incorporez la farine, la pâte d'amande coupée en morceaux et la vanille.

Ajoutez les abricots dénoyautés et coupés en morceaux et mélangez.

Versez le tout dans un moule à manqué de 20 cm de diamètre. Beurrez-le s'il n'est pas en silicone.

Parsemez d'amandes effilées et mettez au four pendant 45 minutes.

Servez tiède ou froid accompagné d'une boule de glace à la vanille.

LE CONSEIL DE SOPHIE

N'hésitez pas à le couvrir de papier d'aluminium en cours de cuisson pour éviter qu'il ne brûle à la surface. Vous pouvez remplacer les abricots par les fruits de votre choix (fraises, figues, poires, pêches…).

Ingrédients

Pour 6 personnes

- 500 g d'abricots dénoyautés (environ 10 abricots)
- 2 œufs
- 90 g de sucre en poudre
- 120 g de farine avec poudre levante incorporée (ou 120 g de farine + 1/2 sachet de levure)
- 100 g de beurre demi-sel fondu
- 100 g de pâte d'amande de la couleur de votre choix
- 1/2 cuillerée à café de vanille en poudre
- 20 g d'amandes effilées

Menu de la semaine

vingt-huit

Apéritif

Tzatziki

Plat

Lasagnes de légumes

Fromage

**Chèvre au miel
et au vinaigre**

Dessert

Crumble aux pêches

Apéritif

Tzatziki

Pelez le concombre et râpez-le en julienne autour du cœur.

Dans un saladier, mélangez les petits-suisses avec l'ail, l'huile, la menthe et le jus de citron. Ajoutez la julienne de concombre. Salez, poivrez et mélangez.

Servez accompagné de toasts, de blinis, de petits légumes ou de saumon fumé.

LES USTENSILES GAIN DE TEMPS DE SOPHIE
Avec l'épluche-rasoir et l'épluche-julienne, vous éplucherez et découperez en julienne votre concombre plus rapidement.

Ingrédients

Pour 6 personnes

- 1 concombre
- 1 gousse d'ail hachée
- 2 cuillerées à soupe de menthe ciselée
- Le jus de 1/2 citron
- 6 petits-suisses à 40 % de MG
- 2 cuillerées à soupe d'huile d'olive
- Sel et poivre du moulin

Plat

Lasagnes de légumes

À l'aide d'un épluche-julienne ou d'une mandoline, râpez les courgettes et les carottes.

Faites-les revenir avec l'huile dans une sauteuse à feu moyen pendant 5 minutes.

Ajoutez les herbes. Salez, poivrez et mélangez.

Préchauffez le four à 180 °C (th. 6).

Mélangez le bouillon avec la crème liquide.

Dans un plat à gratin non graissé, étalez quatre feuilles de lasagne sans les précuire.

Répartissez la moitié des légumes.

Ajoutez par-dessus un paquet de mozzarella.

Recommencez l'opération en finissant par la mozzarella.

Couvrez au fur et à mesure les lasagnes du bouillon à la crème en tassant bien avec le dos d'une cuillère.

Mettez au four pendant 35 minutes jusqu'à ce que le dessus soit bien doré.

Servez chaud ou froid à température ambiante.

LE CONSEIL DE SOPHIE

Vous pouvez préparer ce plat 24 heures à l'avance. Vous pouvez remplacer les légumes par les produits de votre choix : saumon-épinards ; steak haché-tomates ; Saint-Jacques-poireaux ; poulet-estragon… Ne terminez jamais votre montage par des lasagnes, elles sécheraient. Les lasagnes doivent absolument baigner dans le bouillon à la crème. Si vous suivez cette recette à la lettre, elles seront parfaites.

Ingrédients

Pour 6 personnes

Pour les légumes

- 3 courgettes
- 3 carottes
- 3 cuillerées à soupe d'huile d'olive
- 3 cuillerées à soupe d'herbes hachées (basilic, cerfeuil, coriandre…)
- Sel et poivre du moulin

Pour les lasagnes

- 8 feuilles de lasagne
- 40 cl de bouillon de légumes ou de volaille (40 cl d'eau bouillante + 1 cube de bouillon)
- 40 cl de crème liquide entière ou du Gloria® Semi-épais à 6 % de MG
- 2 paquets de 150 g de mozzarella râpée Santa Lucia®

Fromage

Chèvre au miel et au vinaigre

Dans un bol, mélangez le chèvre et la ciboulette. Si la consistance est trop épaisse, ajoutez un peu de lait ou de crème liquide.

Salez et poivrez.

Répartissez le fromage dans des grands verres ou des bocaux.

Dans une casserole, faites chauffer le vinaigre de vin avec le miel puis versez le tout sur le fromage, sans mélanger.

Décorez d'herbes et de fleurs.

Servez accompagné de pain grillé.

L'ASTUCE DÉCO DE SOPHIE

Servez ce fromage dans un vase.

Ingrédients

Pour 6 personnes

- 400 g de chèvre frais Petit Billy®
- 2 bottes de ciboulette ciselée
- 100 g de miel toutes fleurs
- 20 cl de vinaigre de vin
- Sel et poivre du moulin

Dessert

Crumble aux pêches

Préchauffez le four à 180 °C (th. 6).

Dénoyautez les pêches et coupez-les en morceaux.

Déposez-les dans un plat à gratin.

Dans un saladier, coupez le beurre bien froid en petits morceaux et mélangez-le du bout des doigts avec le sucre, la farine, les amandes et le jaune d'œuf jusqu'à l'obtention d'une pâte granuleuse.

Étalez la pâte uniformément sur les fruits et saupoudrez de sucre vanillé.

Mettez au four pendant 35 minutes environ. Le crumble doit être doré sur le dessus.

Laissez refroidir à température ambiante et servez tel quel.

LE CONSEIL DE SOPHIE

Vous pouvez utiliser tous les fruits surgelés. Ne les décongelez pas avant utilisation.

Ingrédients

Pour 6 personnes

- 1 kg de pêches
- 1 jaune d'œuf
- 100 g de sucre en poudre ou roux
- 100 g de farine
- 100 g de beurre demi-sel
- 20 g d'amandes en poudre
- 1 sachet de sucre vanillé

Menu de la semaine

vingt-neuf

Apéritif

Branches de céleri au roquefort

Entrée

Gratin de courgettes au crabe

Plat

Loups de mer à la crème d'estragon

Dessert

Salade de melon, pastèque et framboises

Apéritif

Branches de céleri au roquefort

Lavez les branches de céleri, puis pelez-les et coupez-les de façon à garder une tige d'environ 10 cm de longueur.

Dans un bol, écrasez le roquefort avec une fourchette.

Ajoutez le St Môret®. Salez, poivrez et mélangez.

À l'aide d'une poche à douille ou d'une cuillère, étalez la crème sur les branches de céleri.

Mettez au frigo jusqu'au moment de servir.

LE CONSEIL DE SOPHIE

À la place du céleri, vous pouvez utiliser des feuilles d'endive, des demi-carottes, des rondelles de concombre ou de radis...

Ingrédients

Pour 6 personnes

- 6 branches de céleri

Pour la crème

- 200 g de St Môret®
- 100 g de roquefort
- Fleur de sel et poivre du moulin

Entrée

Gratin de courgettes au crabe

À l'aide d'un épluche-julienne, râpez les courgettes autour du cœur sans les peler.

Dans un récipient, faites-les cuire pendant 3 minutes puissance maximale au micro-ondes.

Préchauffez le four à 180 °C (th. 6).

Dans un saladier, mélangez les œufs avec la crème liquide, les herbes et la moitié du parmesan râpé.

Salez et poivrez. Ajoutez les courgettes.

Versez la moitié de la préparation dans un plat à gratin.

Étalez le crabe et ajoutez le reste de la préparation.

Parsemez du reste de parmesan et mettez au four pendant 15 minutes.

Dégustez tiède.

Ingrédients

Pour 6 personnes

- 500 g de petites courgettes
- 2 boîtes de crabe en morceaux de 170 g net
- 3 œufs
- 100 g de parmesan râpé
- 30 cl de crème liquide entière
- 2 cuillerées à soupe d'herbes hachées (ciboulette, coriandre, aneth…)
- Sel et poivre du moulin

Plat

Loups de mer à la crème d'estragon

Salez et poivrez les filets de poisson puis farinez-les.

Dans une poêle antiadhésive, faites cuire à feu moyen dans le beurre et l'huile les filets de poisson pendant 5 minutes sur une face puis 2 minutes sur l'autre. Mettez de côté dans une assiette recouverte d'un papier d'aluminium pour maintenir le poisson au chaud.

Jetez le gras de cuisson du poisson.

Dans un bol, mélangez la crème fraîche, la moutarde et l'estragon.

Versez la crème dans la poêle et, à l'aide d'une cuillère en bois, mélangez bien pendant 2 minutes à feu moyen.

Servez accompagné de pommes de terre vapeur.

LE SECRET DE Sophie

Pour fariner les filets de poisson, je me sers d'un sac Ziploc® que je remplis de farine. Je n'ai plus qu'à y mettre les filets de poisson un par un, à fermer le sac et à secouer. J'économise ainsi le lavage d'une assiette.

Ingrédients

Pour 6 personnes

- 6 filets de loup de mer ou de bar de 150 g chacun
- 70 g de farine
- 300 g de crème fraîche épaisse à 40 % de MG
- 2 cuillerées à soupe de moutarde Fins Gourmets de Maille®
- 4 cuillerées à soupe d'estragon haché
- 30 g de beurre
- 2 cuillerées à soupe d'huile d'olive
- Sel et poivre du moulin

Dessert

Salade de melon, pastèque et framboises

Coupez le melon en deux et épépinez-le.

À l'aide d'une cuillère parisienne, réalisez des billes dans la pastèque et le melon.

Dans un bol, mélangez le jus des oranges avec le sucre, le basilic, la crème et la vanille.

Répartissez harmonieusement les billes de pastèque et de melon ainsi que les framboises dans un vase.

Nappez de sauce et décorez de feuilles de basilic.

LE SECRET DE Sophie

Je choisis toujours une pastèque sans pépins.

L'ASTUCE DÉCO DE SOPHIE

Servez-vous de découpoirs pour donner des formes amusantes à vos morceaux de pastèque ou de melon.

Ingrédients

Pour 6 personnes

- 1 melon de Cavaillon
- 125 g de framboises
- 1,7 kg de pastèque avec la peau
- Le jus de 2 oranges
- 40 g de sucre en poudre
- 20 cl de crème liquide entière
- 1 cuillerée à soupe de basilic ciselé
- 1/2 cuillerée à café de vanille en poudre

Menu de la semaine

trente

Entrée

Croques au thon

Plat

Tatin de lapin

Fromage

Cervelle de canut

Dessert

Flan parisien

Entrée

Croques au thon

Beurrez six tranches de pain sur une face.

Dans un bol, mélangez le thon égoutté avec l'huile, le jus de citron et le vinaigre balsamique.

Salez, poivrez et mélangez.

Coupez la mozzarella et la tomate en rondelles fines.

Coupez le parmesan en copeaux.

Répartissez sur six tranches de pain non beurrées les copeaux de parmesan, les rondelles de tomate et de mozzarella puis ajoutez la préparation au thon.

Mettez deux feuilles de basilic et recouvrez d'une tranche de pain beurré (le beurre vers l'extérieur).

Mettez les croques, face beurrée vers le haut, sur la plaque du four recouverte d'un tapis en silicone ou de papier sulfurisé et faites-les dorer sous le gril pendant 8 minutes environ, en surveillant la coloration et en les retournant à mi-cuisson.

Coupez les croques en deux triangles et servez-les accompagnés d'une salade verte.

Ingrédients

Pour 6 personnes

- 1 boîte de thon au naturel de 185 g net
- 1 tomate
- 1 boule de mozzarella (125 g)
- 30 g de parmesan frais
- 12 tranches de pain de mie complet
- 3 cuillerées à soupe d'huile d'olive
- 1 cuillerée à soupe de jus de citron
- 1 cuillerée à soupe de vinaigre balsamique
- 12 feuilles de basilic
- 25 g de beurre demi-sel mou
- Sel et poivre du moulin

Plat

Tatin de lapin

À l'aide d'un épluche-tomate, pelez les tomates et coupez-les en rondelles.

Dans une sauteuse, faites-les revenir dans deux cuillerées à soupe d'huile pendant 10 minutes à feu moyen avec l'ail, le thym et le basilic jusqu'à évaporation du jus.

Salez, poivrez et laissez refroidir. Ajoutez la tapenade et mettez de côté dans un bol.

Coupez l'aubergine en rondelles et faites-les dorer dans la sauteuse dans quatre cuillerées à soupe d'huile. Égouttez-les sur du papier absorbant.

Toujours dans la même sauteuse, faites revenir à feu moyen les échalotes dans deux cuillerées à soupe d'huile pendant 2 minutes.

Ajoutez les râbles. Salez, poivrez et faites-les dorer sur toutes les faces à feu moyen pendant 5 minutes.

Préchauffez le four à 200 °C (th. 6-7).

Dans un moule à manqué de 28 cm de diamètre, disposez une couronne de rondelles d'aubergine et les râbles de lapin au centre. Recouvrez de la tapenade à la tomate et du reste d'aubergines. Posez les deux pâtes feuilletées par-dessus.

Rentrez les bords et piquez le dessus des pâtes avec une fourchette.

Mettez au four pendant 30 minutes.

Retournez la tarte sur un plat. Servez aussitôt.

Ingrédients

Pour 6 personnes

- 2 pâtes feuilletées pur beurre prêtes à dérouler
- 1 kg de râbles de lapin désossés par le boucher
- 7 tomates grappe (650 g)
- 1 aubergine (400 g)
- 2 échalotes hachées
- 2 gousses d'ail hachées
- 100 g de tapenade noire
- 1 branche de thym frais
- 3 cuillerées à soupe de basilic ciselé
- 8 cuillerées à soupe d'huile d'olive
- Sel et poivre du moulin

Fromage

Cervelle de canut

À l'aide d'un batteur électrique, montez la crème liquide bien froide en chantilly.

Tout en continuant à fouetter, incorporez petit à petit le fromage blanc, l'échalote, les herbes et le vinaigre. Salez, poivrez et mélangez.

Recouvrez le fond d'une passoire d'un torchon et déposez-y la préparation.

Refermez le torchon puis posez par-dessus un poids (un moule à soufflé rempli d'eau par exemple).

Mettez au frigo pendant 2 heures.

Démoulez et servez frais avec des toasts.

LE CONSEIL DE SOPHIE

Cette recette ressemble au Boursin®, un délice ! Vous pouvez servir également avec des bâtonnets de légumes.

Ingrédients

Pour 6 personnes

- 250 g de fromage blanc en faisselle
- 1 échalote hachée
- 1 botte de ciboulette ciselée
- 1/2 botte de cerfeuil ciselé
- 25 cl de crème liquide entière
- 3 cuillerées à soupe de vinaigre de vin
- Sel et poivre du moulin

Menu de la semaine

trente et une

Entrée

Gaspacho de melon et coppa

Plat

Épaule de porc caramélisée

Accompagnement

Sucrines au pesto rouge

Dessert

Panna cotta aux mûres

Entrée

Gaspacho de melon et coppa

Coupez les melons en quatre, retirez les pépins et, à l'aide d'un mixer, mixez la chair.

Mettez au frigo au minimum 2 heures.

Répartissez le gaspacho de melon dans des bols et déposez dans chacun d'entre eux une tranche de coppa coupées en lamelles et cinq dés de feta.

Nappez d'un filet d'huile et décorez d'herbes.

Servez bien frais.

Ingrédients

Pour 6 personnes

- 2 melons
- 6 tranches de coppa (60 g)
- 30 dés de feta aromatisée (60 g)
- 3 cuillerées à soupe d'huile d'olive
- Quelques herbes de votre choix pour la déco

PRADEL
Le Toucan
Made in France

Plat

Épaule de porc caramélisée

Dans un bol, mélangez le miel avec les gousses d'ail épluchées et écrasées, le jus des citrons, la sauce soja, la Worcestershire sauce, le ketchup, le xérès, le sucre et le quatre-épices.

Déposez l'épaule dans un plat creux et versez par-dessus la marinade.

Couvrez d'un film alimentaire et laissez mariner au minimum 3 heures au frigo, le mieux étant de le faire la veille.

Préchauffez le four à 160 °C (th. 5-6).

Retirez le film alimentaire. Mettez le tout au four pendant 2 heures 30 environ en retournant l'épaule toutes les 15 minutes.

LE CONSEIL DE SOPHIE

Rajoutez à la sauce de l'eau chaude au fur et à mesure si elle épaissit trop pendant la cuisson.

Ingrédients

Pour 6 personnes

- 2,5 kg d'épaule de porc ou travers de porc

Pour la marinade

- 10 cuillerées à soupe de miel liquide
- 2 gousses d'ail
- Le jus de 2 citrons
- 8 cuillerées à soupe de sauce soja
- 2 cuillerées à soupe de Worcestershire sauce
- 12 cuillerées à soupe de ketchup Heinz®
- 4 cuillerées à soupe de xérès dry fino (ou jerez)
- 2 cuillerées à soupe de sucre en poudre
- 2 cuillerées à soupe de quatre-épices

Accompagnement

Sucrines au pesto rouge

Préparez le pesto en mixant tous les ingrédients.

Coupez les sucrines en deux.

Dans une sauteuse, faites dorer les salades dans l'huile des tomates à feu moyen pendant 5 minutes.

Versez l'eau, portez à ébullition, salez et laissez cuire à feu doux pendant 2 minutes.

Posez les sucrines sur un plat, répartissez le pesto par-dessus et parsemez de pignons de pin.

Servez tiède.

Ingrédients

Pour 6 personnes

- 3 salades sucrines
- 3 cuillerées à soupe d'huile des tomates confites
- 10 cl d'eau

Pour le pesto

- 50 g de tomates confites
- 50 feuilles de persil plat
- 2 cuillerées à soupe de pignons de pin + 1 cuillerée à soupe pour la déco
- 6 cuillerées à soupe d'huile des tomates confites
- Sel et poivre du moulin

Dessert

Panna cotta aux mûres

Faites tremper les feuilles de gélatine dans un bol d'eau froide.

Dans une casserole, faites chauffer à feu moyen la crème liquide avec la vanille et le sucre.

Hors du feu, ajoutez les feuilles de gélatine essorées.

Laissez tiédir.

Versez la crème dans six ramequins et mettez au frigo pendant au minimum 5 heures.

Préparez le coulis en mixant 100 g de mûres avec le jus de citron et le sucre glace.

Filtrez le coulis à travers une passoire fine.

Ajoutez le reste de mûres dans le coulis, mélangez et mettez au frigo jusqu'au moment de servir.

Servez la panna cotta accompagnée du coulis de mûres.

L'ASTUCE DÉCO DE SOPHIE

Rincez sous l'eau froide six gobelets en plastique et égouttez-les sans les essuyer. Versez-y la crème et faites prendre au minimum 5 heures au frigo. Démoulez sur une assiette et nappez de coulis.

Ingrédients

Pour 6 personnes

- 75 cl de crème liquide entière
- 2 feuilles de gélatine Vahiné®
- 60 g de sucre en poudre
- 1 cuillerée à café de vanille en poudre Vahiné® ou 1 gousse de vanille

Pour le coulis de mûres

- 250 g de mûres
- Le jus de 1/2 citron
- 30 g de sucre glace

Menu de la semaine

trente-deux

MENU CLASSIQUE

Apéritif

Gougères au gruyère

Entrée

Salade de champignons

Plat

Poulet de Jacki

Dessert

Crèmes brûlées aux framboises

MENU CLASSIQUE

Apéritif

Gougères au gruyère

Préchauffez le four à 180 °C (th. 6).

Dans une casserole, mettez l'eau avec le beurre et le lait puis portez à ébullition.

Ajoutez la farine d'un seul coup, mélangez à feu moyen et laissez 3 minutes environ afin de dessécher au maximum la pâte.

Versez la pâte dans le bol d'un robot puis ajoutez les œufs un à un. Incorporez bien chaque œuf à la pâte avant d'ajouter les suivants.

Poivrez et ajoutez le fromage coupé en petits dés. Mélangez.

Sur la plaque du four recouverte d'un tapis en silicone ou de papier sulfurisé, déposez la pâte en formant des petits tas de la taille d'une grosse noix à l'aide de deux cuillères à café, ou utilisez une poche à douille si vous préférez.

Mettez les choux au four pendant 30 minutes.

En fin de cuisson, laissez 5 minutes dans le four éteint, porte entrouverte, afin qu'ils soient bien cuits à l'intérieur et ne retombent pas.

LE CONSEIL DE SOPHIE

Vous pouvez ajouter à la pâte des dés de jambon, des lardons, du chèvre…

Ingrédients

Pour 6 personnes

- 5 œufs (250 g)
- 170 g d'emmental râpé ou en morceaux
- 110 g de beurre demi-sel
- 140 g de farine
- 12 cl d'eau
- 12 cl de lait entier ou demi-écrémé
- Poivre du moulin

MENU CLASSIQUE

Entrée

Salade de champignons

Coupez le pied terreux des champignons et passez-les sous l'eau froide afin de les nettoyer.

Essuyez-les et coupez-les en quatre.

Préparez la sauce en mélangeant dans un bol tous les ingrédients. Salez et poivrez.

Mélangez la sauce aux champignons et dégustez bien frais.

LE CONSEIL DE SOPHIE

Vous pouvez préparer la sauce à l'avance mais ne la mélangez aux champignons qu'au dernier moment, sinon cela les ramollirait.

Ingrédients

Pour 6 personnes

- 600 g de champignons de Paris bien fermes

Pour la sauce

- 1 cuillerée à café de Horseradish sauce (ou raifort)
- Le jus de 1 citron
- 2 cuillerées à soupe de vinaigre balsamique
- 15 cl de crème liquide entière
- 4 cuillerées à soupe de mayonnaise
- 4 cuillerées à soupe d'herbes hachées (ciboulette, persil, estragon, coriandre…)
- 6 cuillerées à soupe d'huile d'olive
- Fleur de sel et poivre du moulin

MENU CLASSIQUE

Plat

Poulet de Jacki

Préchauffez le four à 240 °C (th. 8).

Déposez le poulet dans un plat à gratin.

Badigeonnez-le d'huile puis massez-le bien avec vos mains.

Parsemez d'herbes de Provence.

Ajoutez autour les gousses d'ail, les carottes coupées en rondelles, les oignons émincés et la pulpe de tomate.

Salez et poivrez.

Faites cuire le poulet au four à 240 °C pendant 10 minutes puis à 180 °C (th. 6) pendant 1 heure 30.

LE CONSEIL DE SOPHIE

Jl est impératif de retourner le poulet toutes les 15 minutes et d'en profiter pour mélanger la sauce.

Ingrédients

Pour 6 personnes

- 1 gros poulet fermier
- 3 boîtes de 400 g de pulpe de tomate en dés
- 3 carottes (300 g)
- 12 gousses d'ail entières non épluchées
- 2 oignons
- 1 cuillerée à soupe d'herbes de Provence
- 2 cuillerées à soupe d'huile d'olive
- Sel et poivre du moulin

MENU CLASSIQUE

Dessert

Crèmes brûlées aux framboises

Préchauffez le four à 120 °C (th. 4).

Dans un saladier, mélangez les jaunes d'œufs avec le sucre en poudre.

Versez le lait et la crème liquide. Mélangez.

Répartissez les framboises dans des plats à crème brûlée et recouvrez de crème.

Mettez au four pendant 30 minutes.

Laissez refroidir puis mettez au frigo au minimum 2 heures.

Au moment de servir, saupoudrez de sucre roux et caramélisez avec un chalumeau ou quelques minutes sous le gril du four.

Décorez de quelques framboises et servez aussitôt.

L'USTENSILE GAIN DE TEMPS DE SOPHIE

Le chalumeau de cuisine est idéal pour les crèmes brûlées et les meringues à dorer. Jl fonctionne avec du gaz à briquet en vente dans tous les bureaux de tabac.

Ingrédients

Pour 6 personnes

- 300 g de framboises + quelques framboises pour la déco
- 8 jaunes d'œufs
- 50 cl de crème liquide entière
- 15 cl de lait demi-écrémé ou entier
- 100 g de sucre en poudre
- 100 g de sucre roux

Menu de la semaine

trente-trois

Apéritif

Gressins au melon

Entrée

Salade de girolles

Plat

Calamars à l'ail et chorizo

Dessert

Salade de fruits au lait de coco et épices

Apéritif

Gressins au melon

Coupez les melons en deux et épépinez-les.

À l'aide d'une cuillère parisienne, formez des billes dans la chair du melon.

Entourez chaque gressin d'une tranche de jambon.

Sur un joli plat, présentez les demi-melons évidés remplis des billes de melon avec les gressins au jambon ainsi que les figues.

LE CONSEIL DE SOPHIE

Vous pouvez ajouter aux billes de melon un peu de porto rouge.

L'USTENSILE GAIN DE TEMPS DE SOPHIE

La cuillère parisienne est idéale pour réaliser des billes de fruit. Jl en existe de différentes tailles, choisissez la vôtre !

Ingrédients

Pour 6 personnes

- 2 melons
- 12 gressins (petits bâtons de pain italiens)
- 12 tranches fines de jambon de Parme
- 6 figues

Entrée

Salade de girolles

Coupez le pied terreux des girolles et passez-les rapidement sous l'eau froide pour les nettoyer. Essuyez-les bien.

Dans une poêle antiadhésive, faites dorer les girolles à feu vif dans 3 cuillerées à soupe d'huile d'olive pendant 3 minutes.

Salez, poivrez et ajoutez l'échalote. Laissez revenir le tout de nouveau pendant 2 minutes à feu moyen. Mettez de côté dans un saladier.

Dans un bol, préparez la sauce en mélangeant l'huile de noix avec 3 cuillerées à soupe d'huile d'olive, le vinaigre, le curry, le sel et le poivre.

Dans la poêle des girolles, dorez à feu vif et sans matière grasse les tranches de coppa pendant 1 minute.

Répartissez sur les assiettes les pousses d'épinards ainsi que les girolles.

Nappez de sauce vinaigrette, décorez de persil et disposez par-dessus les tranches de coppa.

Ingrédients

Pour 6 personnes

- 600 g de girolles fraîches ou surgelées
- 18 tranches fines de coppa
- 1 sachet de pousses d'épinards ou de feuilles de roquette (200 g)
- 1 échalote émincée (80 g)
- 2 cuillerées à soupe d'huile de noix
- 2 cuillerées à soupe de vinaigre balsamique
- 1/2 cuillerée à café de curry en poudre
- 6 cuillerées à soupe d'huile d'olive
- Sel et poivre du moulin
- 18 feuilles de persil pour la déco

Plat

Calamars à l'ail et chorizo

Coupez les calamars en rondelles.

Dans une sauteuse, faites chauffer l'huile à feu doux puis ajoutez l'ail.

Dès qu'il prend couleur, ajoutez les rondelles de calamar ainsi que le chorizo.

Faites sauter le tout sur feu vif pendant 4 minutes.

Versez le vinaigre et ajoutez le beurre.

Mélangez de nouveau pendant 2 minutes.

Assaisonnez de piment d'Espelette et de fleur de sel.

Parsemez de persil et servez aussitôt accompagné de riz.

Ingrédients

Pour 6 personnes

- 1 kg de petits calamars nettoyés et prêts à cuire
- 200 g de chorizo doux en rondelles
- 6 gousses d'ail hachées
- 40 g de beurre
- 3 cuillerées à soupe de persil haché
- 4 cuillerées à soupe de vinaigre de xérès
- 4 cuillerées à soupe d'huile d'olive
- 3 pincées de piment d'Espelette
- Fleur de sel

Dessert

Salade de fruits au lait de coco et épices

Dans une poêle antiadhésive, faites griller à feu vif et sans matière grasse les amandes. Attention, cela va très vite !

Dans un saladier, mettez le lait de coco avec le gingembre, le quatre-épices et le sucre. Mélangez.

Ajoutez les fruits coupés et les amandes effilées.

Saupoudrez éventuellement de noix de coco râpée ou de chocolat râpé.

Servez frais.

L'ASTUCE DÉCO DE SOPHIE

Présentez votre salade dans des demi-noix de coco.

Ingrédients

Pour 6 personnes

- 2 bananes
- 250 g de fraises ou autres fruits rouges
- 6 litchis au sirop
- 2 kiwis
- 20 g d'amandes effilées
- 40 g de sucre en poudre
- 1 boîte de lait de coco de 40 cl
- 1 cuillerée à café de gingembre en poudre
- 1 cuillerée à café de quatre-épices

Menu de la semaine

trente-quatre

Apéritif

Les branches d'olives

Entrée

Salade au jambon et nectarines

Plat

Carpaccio d'agneau aux douces saveurs

Dessert

Tarte à la pêche et au vin rouge

Entrée

Salade au jambon et nectarines

Coupez les nectarines en deux et dénoyautez-les. Coupez-les en lamelles.

Coupez les tranches de jambon en lamelles assez larges.

Dans un bol, mélangez le jus de citron avec le vinaigre de framboise et les deux huiles.

Salez et poivrez.

Répartissez les feuilles de salade sur les assiettes.

Garnissez-les de jambon, de nectarines et de framboises.

Parsemez de ciboulette, nappez de sauce et servez aussitôt.

L'ASTUCE DÉCO DE SOPHIE
Utilisez des bougeoirs pour présenter cette salade.

Ingrédients

Pour 6 personnes

- 6 tranches de jambon de pays
- 1 laitue
- 3 nectarines
- 150 g de framboises
- Le jus de 1/2 citron
- 1 cuillerée à soupe de vinaigre de framboise
- 2 cuillerées à soupe d'huile de noisette
- 2 cuillerées à soupe d'huile d'olive
- 3 cuillerées à soupe de ciboulette ciselée
- Sel et poivre du moulin

Plat

Carpaccio d'agneau aux douces saveurs

Préparez la sauce caramel au café. Dans une casserole, faites bouillir le sucre avec le vinaigre balsamique et l'extrait de café à feu moyen pendant 1 minute.

Répartissez les tranches de viande sur les assiettes.

Dans un bol, mélangez l'huile avec le café, la poudre de tandoori et les graines de sésame. Salez et poivrez.

Nappez le carpaccio avec cette sauce et laissez mariner au frigo pendant 2 heures.

Juste avant de servir, décorez chaque assiette de tomates cerise coupées en deux, de quelques bouquets de salade et d'un cordon de sauce caramel au café.

Ingrédients

Pour 6 personnes

- 600 g de gigot d'agneau coupé en tranches très fines par votre boucher
- 18 tomates cerise
- 2 cuillerées à soupe de café expresso
- 6 cuillerées à soupe d'huile d'olive
- 2 cuillerées à soupe de poudre de tandoori Ducros®
- 2 cuillerées à soupe de graines de sésame
- Quelques feuilles de roquette ou de mâche
- Sel et poivre du moulin

Pour la sauce caramel au café

- 2 cuillerées à soupe de sucre de canne
- 3 cuillerées à soupe de vinaigre balsamique
- 1 cuillerée à soupe d'extrait de café

Dessert

Tarte à la pêche et au vin rouge

Préchauffez le four à 180 °C (th. 6).

Étalez la pâte dans un moule à tarte de 26 cm de diamètre.

Posez un papier sulfurisé (celui de la pâte) sur le dessus avec des haricots secs.

Mettez au four pendant 25 minutes.

Retirez le papier ainsi que les haricots et laissez refroidir la tarte sur une grille.

Pendant ce temps, dans une casserole, versez le vin avec 100 g de sucre, le bâton de cannelle et la vanille. Portez à ébullition.

Pelez les pêches, coupez-les en deux et dénoyautez-les. Mettez de côté six moitiés.

Plongez le reste dans le vin et faites cuire à feu doux pendant 15 minutes.

Retirez les pêches et laissez-les refroidir.

Laissez réduire le vin jusqu'à ce qu'il prenne la consistance d'un sirop.

Dans une casserole, faites cuire les six moitiés de pêche en compote avec le reste de sucre.

Laissez refroidir.

Au moment de servir, étalez la compote de pêches sur le fond de la tarte puis disposez les pêches par-dessus. Nappez de sirop de vin et dégustez.

LE CONSEIL DE SOPHIE

Vous pouvez préparer les pêches cuites dans le vin, le sirop de vin, la compote de pêches et la pâte cuite à blanc la veille. Vous n'aurez plus qu'à assembler tous les éléments le jour même. Question d'organisation !

Ingrédients

Pour 6/8 personnes

- 1 pâte sablée pur beurre prête à dérouler
- 17 pêches blanches ou jaunes pas trop mûres
- 120 g de sucre en poudre
- 75 cl de vin rouge
- 1 cuillerée à café de vanille en poudre
- 1 bâton de cannelle

Menu de la semaine

trente-cinq

Apéritif

Fruits d'amour au sésame

Entrée

Terrine de lapin aux pruneaux

Plat

Salade de pommes de terre au concombre

Dessert

Fruits givrés et milk-shake coco

Apéritif

Fruits d'amour au sésame

Plantez une brochette dans chaque fruit.

Dans une petite casserole, portez à ébullition le sucre et l'eau pendant 5 à 6 minutes pour obtenir un caramel blond clair.

Trempez chaque fruit à moitié dans le caramel, puis dans les graines de sésame pour qu'elles se collent au fruit.

L'ASTUCE DÉCO DE SOPHIE

Sur une planche en bois, percez à l'aide d'une perceuse des trous correspondant à la taille de vos brochettes. Vous n'avez plus qu'à les planter et à déguster !

Ingrédients

Pour 40 fruits

- 15 tomates cerise
- 15 grains de raisin
- 10 physalis (amours-en-cage)
- 100 g de sucre en poudre
- 40 g de graines de sésame
- 5 cl d'eau
- Brochettes

Entrée

Terrine de lapin aux pruneaux

Coupez la chair du lapin et les pruneaux en petits morceaux.

Épluchez et émincez finement les oignons.

Dans une sauteuse, faites revenir à feu moyen dans le beurre et l'huile les oignons pendant 15 minutes jusqu'à ce qu'ils soient dorés.

Versez le cognac, salez, poivrez et mélangez.

Préchauffez le four à 160 °C (th. 5-6).

Dans un saladier, mélangez rapidement les oignons avec le lapin, les pruneaux, les allumettes de lardons et les œufs.

Goûtez et rectifiez l'assaisonnement si nécessaire.

Tapissez le fond et les bords de la terrine avec les tranches de poitrine fumée.

Versez-y la préparation. Il est important de bien tasser la terrine au fur et à mesure du remplissage.

Mettez la terrine directement sur la plaque du four, versez de l'eau froide à hauteur de plaque (bain-marie) puis faites cuire la terrine pendant 1 heure.

Laissez refroidir et gardez au frigo au minimum 24 heures.

Démoulez et coupez en tranches à l'aide d'un couteau électrique.

Servez accompagné de cornichons et de toasts.

LE SECRET DE Sophie

Pour vérifier l'assaisonnement de ma terrine, je prélève un peu de la préparation que je cuis 30 secondes au micro-ondes. Ainsi je peux savoir s'il manque du sel ou du poivre.

Ingrédients

Pour 8/10 personnes

- 1 lapin désossé par le boucher (800 g)
- 200 g d'allumettes de lardons fumés
- 10 tranches fines de poitrine fumée
- 3 oignons
- 150 g de pruneaux dénoyautés
- 2 œufs
- 20 g de beurre
- 2 cuillerées à soupe d'huile d'olive
- 2 cuillerées à soupe de cognac
- Sel et poivre du moulin

Plat

Salade de pommes de terre au concombre

Épluchez les pommes de terre et faites-les cuire dans un faitout d'eau bouillante salée pendant 20 minutes.

Coupez-les en tranches de 1 cm d'épaisseur. Mettez de côté 100 g pour la sauce et le reste dans un saladier.

Dans un bol, écrasez les 100 g de pommes de terre en purée.

Ajoutez la moutarde, le vinaigre, l'huile, l'échalote et le bouillon de légumes chaud. Salez et poivrez.

Ajoutez la préparation aux pommes de terre, mélangez, couvrez le saladier et laissez mariner pendant 30 minutes à température ambiante.

Pendant ce temps, pelez et coupez en deux le concombre dans la longueur.

Épépinez-le et coupez-le en tranches de 1 cm.

Ajoutez les tranches de concombre dans le saladier et mélangez.

Goûtez et rectifiez l'assaisonnement si nécessaire.

Parsemez d'herbes et servez aussitôt.

L'ASTUCE DÉCO DE SOPHIE

Utilisez un vase en guise de saladier.

Ingrédients

Pour 6 personnes

- 1,5 kg de pommes de terre de type charlotte ou roseval
- 1 concombre
- 4 cuillerées à soupe d'herbes hachées (coriandre, persil, ciboulette…)

Pour la sauce

- 2 cuillerées à soupe de moutarde Savora Amora®
- 6 cuillerées à soupe de vinaigre de vin blanc
- 6 cuillerées à soupe d'huile de tournesol
- 20 cl de bouillon de légumes (20 cl d'eau bouillante + 1 cube de bouillon de légumes)
- 1 échalote émincée (50 g)
- Sel et poivre du moulin

Dessert

Fruits givrés et milk-shake coco

Pelez l'ananas et coupez-le en rondelles puis en douze quartiers. Gardez les chutes.

Coupez et épépinez le melon. Prélevez douze billes de chair de melon et gardez les chutes.

Pelez et épépinez les poires. Coupez-les en douze morceaux. Gardez les chutes.

Dans un saladier, mélangez tous les morceaux de fruits avec le poivre et le jus des citrons.

Alternez les fruits sur douze brochettes en bois et saupoudrez de sucre roux.

À l'aide d'un mixer blender, mixez les chutes de fruits et leur jus avec la glace ramollie et le lait de coco.

Répartissez le milk-shake dans six verres.

Décorez d'une feuille de menthe ou d'une paille.

Disposez les brochettes sur les verres ou à côté sur une grande assiette.

Ingrédients

Pour 6 personnes

- 1 petit ananas Victoria ou 1/2 ananas
- 1 melon
- 3 poires
- Le jus de 2 citrons verts
- 4 cuillerées à soupe de sucre roux
- 10 cl de lait de coco
- 1/2 l de glace à la noix de coco
- 3 tours de moulin à poivre blanc ou du Sichuan
- 12 brochettes en bois
- Des feuilles de menthe pour la déco

Menu de la semaine

trente-six

Entrée

Pochettes de légumes

Plat

Spaghettis à la roquette

Fromage

Millefeuille de camembert aux pommes

Dessert

Carpaccio de poires et sablés verveine

Plat

Spaghettis à la roquette

Faites cuire les pâtes al dente dans de l'eau bouillante salée selon les indications du paquet.

Pendant ce temps, mélangez dans un bol le vinaigre avec les échalotes, l'ail et le curry. Salez et poivrez.

Incorporez la moitié de l'huile.

Ajoutez les herbes coupées grossièrement ainsi que la roquette.

Égouttez les pâtes, badigeonnez-les du reste d'huile et versez-les chaudes sur la préparation à la roquette.

Servez aussitôt.

LE CONSEIL DE SOPHIE

Pour que la cuisson des pâtes soit parfaite, il est indispensable de respecter la règle des 10/100/1 000 : 10 g de sel pour 100 g de pâtes dans 1 000 cl d'eau. Faites cuire vos pâtes au dernier moment car elles refroidissent très vite.

LE SECRET DE Sophie

Quand j'égoutte mes pâtes, je laisse toujours un peu d'eau dans la casserole pour éviter qu'elles collent.

Ingrédients

Pour 6 personnes

- 500 g de spaghettis
- 1 sachet de roquette
- 2 échalotes émincées
- 2 gousses d'ail hachées
- 1 bouquet de ciboulette
- 1 bouquet de cerfeuil
- 4 cuillerées à soupe de vinaigre balsamique
- 1 cuillerée à café de curry
- 8 cuillerées à soupe d'huile d'olive
- Sel et poivre du moulin

Fromage

Millefeuille de camembert aux pommes

À l'aide d'un pèle-pomme, pelez la pomme et coupez-la en lamelles.

Dans une poêle à feu doux, faites fondre 20 g de beurre puis ajoutez les lamelles de pomme.

Quand elles sont dorées, flambez-les avec le calvados et laissez-les refroidir.

Coupez le camembert en trois disques égaux dans le sens de l'épaisseur puis reconstituez-le en déposant entre chaque disque les lamelles de pomme.

À l'aide d'un pinceau, badigeonnez le camembert du reste de beurre fondu.

Enrobez uniformément le camembert de pralin.

Placez au frigo.

Sortez le camembert 1 heure avant de servir.

Accompagnez d'une salade verte.

LE CONSEIL DE SOPHIE

Pour éviter le côté sucré du pralin, vous pouvez le remplacer par des noix ou des noisettes hachées.

L'ASTUCE DÉCO DE SOPHIE

Entourez le camembert d'une bande de papier d'aluminium fermée par un trombone. Nouez un joli ruban par-dessus pour qu'il devienne un cadeau gourmand !

Ingrédients

Pour 6 personnes

- 1 camembert pas trop fait
- 1 grosse pomme golden ou Pink Lady®
- 40 g de pralin Vahiné®
- 3 cuillerées à soupe de calvados
- 30 g de beurre

Dessert

Carpaccio de poires et sablés verveine

Dans un saladier ou un robot, mélangez tous les ingrédients des sablés.

Façonnez une boule, couvrez d'un film alimentaire et mettez au frigo pendant 1 heure.

Préchauffez le four à 200 °C (th. 6-7).

Retirez la pâte du frigo 10 minutes avant de l'utiliser puis étalez-la sur le plan de travail fariné.

Découpez à l'aide d'un petit couteau des sablés en forme de feuilles puis gravez-y des nervures.

Posez les sablés sur la plaque du four recouverte d'un tapis en silicone ou de papier sulfurisé et mettez au four pendant 10 minutes. Laissez refroidir sur une grille.

Dans une casserole, faites réduire à feu moyen le nectar de poire pendant 3 minutes.

Versez le jus de citron et mélangez.

Découpez les poires sans les éplucher en longues et très fines lamelles que vous posez directement dans la casserole hors du feu.

Mélangez délicatement. Couvrez et laissez refroidir.

Répartissez les poires en éventail sur les assiettes puis versez en filet le jus restant.

Décorez de feuilles de verveine et de sablés.

LE CONSEIL DE SOPHIE

Si vous n'avez pas de verveine, utilisez de la menthe.

Ingrédients

Pour 6 personnes

- 3 poires type williams ou beurré Hardy)
- 20 cl de nectar de poire
- 1 cuillerée à soupe de jus de citron vert
- 6 feuilles de verveine citron pour la déco

Pour les sablés

- 40 g de sucre en poudre
- 45 g de beurre mou demi-sel
- 1 œuf
- 80 g de farine
- 2 g de feuilles de verveine séchées (25 feuilles)

Menu de la semaine

trente-sept

Apéritif

Brochettes de raisin, fromage et bresaola

Plat

Baeckeofe de poissons

Fromage

Terrine à la ciboulette

Dessert

Sandwichs à la glace vanille et aux abricots secs

Apéritif

Brochettes de raisin, fromage et bresaola

Coupez les tranches de bresaola en deux. Roulez-les.

Coupez le gruyère en cubes.

Sur une pique en bois, enfilez d'abord un grain de raisin puis la bresaola, le tout piqué sur un cube de fromage.

Poivrez et servez aussitôt.

Ingrédients

Pour 18 brochettes

- 9 tranches de bresaola ou de viande des Grisons
- 18 grains de raisin noir
- 150 g de gruyère ou de comté
- Poivre du moulin
- 18 piques en bois

Plat

Baeckeofe de poissons

Dans un plat, disposez tous les morceaux de poisson, arrosez avec le jus de citron et le vin blanc. Salez, poivrez.

Faites mariner le tout pendant 6 heures au frigo, le mieux étant de préparer la marinade la veille.

Préchauffez le four à 220 °C (th. 7-8).

Dans une sauteuse, mélangez les oignons émincés dans l'huile avec les carottes et les poireaux coupés en fines rondelles. Salez, poivrez et laissez mijoter pendant 15 minutes à feu doux en remuant de temps en temps.

Pendant ce temps, épluchez les pommes de terre et coupez-les en rondelles fines.

Tapissez le fond d'une cocotte de la moitié des rondelles de pomme de terre. Salez et poivrez.

Ajoutez par-dessus la moitié des légumes. Salez et poivrez.

Égouttez les poissons en conservant la marinade puis disposez-les sur les légumes, recouvrez-les du reste des légumes puis des pommes de terre.

Versez par-dessus la marinade. Couvrez et mettez au four pendant 1 heure 30.

Pendant ce temps, préparez la sauce. Dans un bol, mélangez tous les ingrédients sauf les crevettes.

Après 1 heure 30 de cuisson, versez la sauce dans la cocotte, parsemez de crevettes et remettez au four pendant 15 minutes.

LE CONSEIL DE SOPHIE

Ne rincez pas les pommes de terre dans l'eau, cela empêcherait le baeckeofe de se lier durant la cuisson. Vous pouvez préparer ce plat à l'avance, c'est encore meilleur réchauffé, alors n'hésitez pas !

Ingrédients

Pour 8/10 personnes

Pour les poissons

- 200 g de lotte
- 200 g de pavés de saumon
- 200 g de pavés de loup
- 200 g de pavés d'empereur
- Le jus de 1 citron
- 25 cl de vin blanc, de préférence du riesling
- Sel et poivre du moulin

Pour les légumes

- 1 kg de pommes de terre type bintje ou BF15
- 2 carottes (300 g)
- 2 poireaux (240 g)
- 2 oignons (200 g)
- 3 cuillerées à soupe d'huile d'olive
- Sel et poivre du moulin

Pour la sauce

- 250 g de crevettes décortiquées
- 30 cl de crème liquide entière
- 1 cuillerée à café de Maïzena®
- 2 capsules de safran Ducros®
- 1 cuillerée à café de fumet de poisson déshydraté Maggi®

Fromage

Terrine à la ciboulette

Chemisez un moule à cake antiadhésif de 26 cm avec du film alimentaire.

Faites ramollir les feuilles de gélatine dans un bol d'eau froide.

Ciselez les bottes de ciboulette puis répartissez-en un quart dans le fond du moule.

Dans un saladier, mélangez les yaourts avec le reste de ciboulette.

Ajoutez le jus de citron, salez et poivrez bien. Mélangez.

Dans un bol, faites fondre la gélatine essorée dans l'eau bouillante et versez le tout dans la préparation au yaourt. Mélangez.

À l'aide d'un batteur électrique, montez la crème liquide bien froide en chantilly puis incorporez-la à la préparation au yaourt.

Versez le tout dans le moule et mettez au frigo pendant au minimum 6 heures.

Au moment de servir, démoulez la terrine et enlevez le film alimentaire.

Coupez des tranches de 2 cm d'épaisseur et servez accompagné de toasts.

LE CONSEIL DE SOPHIE

Vous pouvez réaliser cette terrine dans des terrines individuelles. Vous pouvez remplacer la ciboulette par les herbes de votre choix.

Ingrédients

Pour 6/8 personnes

- 4 pots de yaourt nature
- 2 bottes de ciboulette (60 g)
- 1 cuillerée à soupe de jus de citron jaune
- 9 feuilles de gélatine Vahiné®
- 20 cl de crème liquide entière
- Sel et poivre du moulin

Dessert

Sandwichs à la glace vanille et aux abricots secs

Sortez la glace à la vanille 20 minutes avant afin qu'elle soit molle.

Coupez les abricots en petits morceaux et mettez-les dans un saladier.

Versez par-dessus le cognac, ajoutez la confiture d'abricots et mélangez.

Ajoutez dans le saladier la glace à la vanille et mélangez bien le tout.

Étalez la préparation dans un moule carré de 18 x 18 cm. Si vous n'avez pas de moule en silicone, tapissez votre moule d'un film alimentaire.

Mettez au congélateur pendant au minimum 2 heures.

Il ne vous reste plus qu'à couper la glace aux dimensions des biscuits et à former les sandwichs.

Dégustez aussitôt.

LE CONSEIL DE SOPHIE

Préparez les rectangles de glace à l'avance en fonction de la taille du biscuit, vous n'aurez plus qu'à les insérer entre les biscuits au dernier moment ! Les biscuits ne peuvent pas être congelés car ils se ramolliraient.

LE SECRET DE Sophie

Je me sers d'une paire de ciseaux pour couper les abricots en petits morceaux.

Ingrédients

Pour 6 personnes

- 250 g d'abricots moelleux
- 2 cuillerées à soupe de confiture d'abricots
- 1 l de glace à la vanille
- 2 cuillerées à soupe de cognac
- 24 biscuits Butterfly aux amandes de Kambly®

Été

brunch

Hamburgers au bacon et à la roquette

Smoothies à la pêche

Œufs à la coque

Tresse de scones aux raisins

C'est toujours
par la faim
commence un
bon repas.
Lisa
Bilou

automne

Menu de la semaine

trente-huit

Entrée

Raviolis de bonbons

Plat

Salade de poulet à la purée d'amande

Fromage

Crottins de Chavignol et poires caramélisées

Dessert

Tarte bourdaloue aux quetsches

Entrée

Raviolis de bonbons

Dans un bol, écrasez la feta à l'aide d'une fourchette.

Ajoutez tous les autres ingrédients de la farce et mélangez. Salez et poivrez.

Garnissez chaque feuille de ravioli avec environ 5 g de farce puis fermez-la comme un bonbon.

Déposez les raviolis sur une plaque farinée.

Dans une casserole, faites chauffer pendant 5 minutes à feu moyen tous les ingrédients de la sauce.

Dans une casserole d'eau bouillante salée, faites cuire les raviolis pendant 3 minutes.

Égouttez-les et nappez-les de sauce immédiatement.

Dégustez aussitôt.

LE CONSEIL DE SOPHIE

Vous trouverez des feuilles de ravioli toutes prêtes dans les épiceries asiatiques.

L'ASTUCE DÉCO DE SOPHIE

Ces raviolis feront un magnifique cadeau gourmand. Posez-les au fur et à mesure dans une jolie boîte en les saupoudrant de farine. Fermez la boîte d'un raphia, accompagnez-la d'une râpe, d'une roulette à pâte et d'un bouquet de thym. Et n'oubliez pas d'y insérer la recette !

Ingrédients

Pour 6 personnes

- 1 paquet de feuilles de ravioli de 250 g net
- 3 cuillerées à soupe de farine

Pour la farce

- 50 g de jambon blanc haché
- 50 g de feta
- 50 g de mozzarella râpée
- 30 g de parmesan râpé
- 1 œuf
- 2 cuillerées à soupe de basilic ou de persil
- Sel et poivre du moulin

Pour la sauce

- 30 cl de crème liquide entière
- Le zeste de 1 citron jaune
- 50 g de parmesan râpé
- 2 pincées de thym
- Poivre

Plat

Salade de poulet à la purée d'amande

Coupez la base des sucrines et des endives puis coupez-les en quatre.

Dans un joli vase, répartissez harmonieusement la salade, les feuilles d'endive, le raisin et les noix de cajou.

Dans une sauteuse, faites cuire les blancs de poulet dans le bouillon de volaille à feu doux pendant 10 minutes. Égouttez-les et séchez-les bien. Mettez de côté.

Pour la sauce, mélangez tous les ingrédients.

Au moment de servir, il ne vous reste plus qu'à faire dorer les blancs de poulet dans le beurre à feu moyen pendant 5 minutes.

Découpez les blancs en fines lamelles et disposez-les dans le vase avec la salade.

Versez la sauce par-dessus. Décorez de persil, de tomates cerise coupées en deux et de copeaux de parmesan. Dégustez aussitôt.

LE CONSEIL DE SOPHIE

Vous trouverez la purée d'amande blanche dans des magasins bio.

L'ASTUCE DÉCO DE SOPHIE

Faites griller six tranches de pain de mie puis découpez des croûtons à l'aide d'un découpoir.

Ingrédients

Pour 6 personnes

- 5 blancs de poulet
- 3 cœurs de salade sucrine
- 2 endives
- 100 g de parmesan frais
- 80 g de raisin blond
- 12 tomates cerise
- 80 g de noix de cajou
- 1,5 l de bouillon de volaille (1,5 l d'eau bouillante + 3 cubes de bouillon de volaille)
- 40 g de beurre
- 2 cuillerées à soupe de persil

Pour la sauce

- 1 cuillerée à soupe de purée d'amande blanche
- 1 oignon botte émincé
- Le jus de 1 citron
- 3 cuillerées à soupe de persil plat haché
- 1 cuillerée à soupe d'eau froide
- 2 cuillerées à soupe d'huile d'olive
- 1/2 cuillerée à café de curry
- Sel et poivre du moulin

Fromage

Crottins de Chavignol et poires caramélisées

Pelez et coupez les poires en lamelles.

Dans une poêle antiadhésive, faites-les dorer dans le beurre à feu moyen pendant 5 minutes.

Répartissez les lamelles de poire en éventail sur les assiettes.

Préchauffez le four à 210 °C (th. 7).

Déposez les crottins sur la plaque du four recouverte d'un tapis en silicone ou de papier sulfurisé.

Mettez au four pendant 8 minutes afin que les fromages fondent.

Posez chaque crottin au bord d'un éventail de poire.

Décorez de feuilles de mâche et servez aussitôt.

Ingrédients

Pour 6 personnes

- 3 poires williams
- 6 crottins de Chavignol
- 30 g de beurre
- 1 paquet de feuilles de mâche

Dessert

Tarte bourdaloue aux quetsches

Préchauffez le four à 200 °C (th. 6-7).

Étalez la pâte dans un moule à tarte de 28 cm de diamètre. Mettez au frigo le temps de la préparation.

Dans un saladier, mélangez à l'aide d'une cuillère en bois le sucre glace avec le beurre, l'œuf et la poudre d'amande.

Coupez les quetsches en deux et dénoyautez-les.

Étalez la crème d'amande sur le fond de tarte et disposez les quetsches par-dessus côté bombé pour éviter que les fruits ne rendent de l'eau pendant la cuisson.

Mettez au four pendant 10 minutes à 200 °C puis 25 minutes à 180 °C (th. 6).

Cette tarte se déguste tiède ou froide accompagnée d'une boule de glace à la vanille.

LE CONSEIL DE SOPHIE

Cette recette est également très bonne avec des poires ou des abricots.

Ingrédients

Pour 6/8 personnes

- 1 pâte sablée prête à dérouler
- 1 dizaine de quetsches
- 1 œuf
- 100 g de poudre d'amande
- 100 g de sucre glace
- 100 g de beurre demi-sel fondu

Radis Beurre

Menu de la semaine

trente-neuf

Apéririf

Radis au beurre

Plat

Tourte de saumon aux champignons

Fromage

Comté à l'huile de noisette

Dessert

Petits pots de crème à la vanille

Plat

Tourte de saumon aux champignons

Lavez et émincez finement les poireaux.

Dans une casserole, faites revenir à feu moyen les oignons et les poireaux dans deux cuillerées à soupe d'huile avec un peu de sel pendant 15 minutes. Laissez refroidir.

Pendant ce temps, retirez le pied terreux des champignons. Lavez-les sous l'eau froide et essuyez-les. Coupez-les en quatre et faites-les sauter dans une poêle à feu vif dans le reste d'huile chaude. Ajoutez le persil en fin de cuisson. Salez et poivrez. Laissez refroidir.

Préchauffez le four à 180 °C (th. 6).

Étalez la pâte dans un moule à tarte de 28 cm de diamètre et posez le saumon cru coupé en gros morceaux par-dessus.

Ajoutez les poireaux, les oignons et les champignons.

Recouvrez le tout avec la deuxième pâte feuilletée. Soudez les bords.

Dorez au jaune d'œuf battu avec un filet d'eau.

Mettez au four pendant 35 minutes.

Dégustez chaud accompagné d'un beurre blanc.

LE CONSEIL DE SOPHIE

Dès la sortie du four, retirez la tarte du moule et posez-la sur une grille. Cela empêchera la pâte de s'humidifier.

Ingrédients

Pour 6/8 personnes

- 2 pâtes feuilletées pur beurre prêtes à dérouler
- 800 g de saumon frais
- 2 poireaux (240 g)
- 500 g de champignons de Paris
- 2 oignons émincés
- 4 cuillerées à soupe d'huile d'olive
- 2 cuillerées à soupe de persil plat haché
- 1 jaune d'œuf
- Sel et poivre du moulin

Fromage

Comté à l'huile de noisette

Retirez la croûte du comté et coupez-le en tranches très fines.

Dans un plat, versez l'huile de noisette sur les tranches de fromage.

Mettez au frigo pendant 1 heure.

Pendant ce temps, coupez la pomme sans l'éplucher en bâtonnets.

Citronnez-la.

Égouttez les tranches de comté (conservez la marinade) et disposez-les en rosace sur les assiettes.

Déposez au centre des bâtonnets de pomme, un peu de confiture de cerises et quelques cerneaux de noix concassés.

Nappez avec la marinade, décorez de cerfeuil.

Salez, poivrez et servez aussitôt.

Ingrédients

Pour 6 personnes

- 150 g de comté
- 1 pomme verte granny smith
- 20 g de cerneaux de noix
- 3 cuillerées à soupe de confiture de cerises
- Le jus de 1 citron jaune
- 2 cuillerées à soupe de cerfeuil ciselé
- 3 cuillerées à soupe d'huile de noisette
- Fleur de sel et poivre du moulin

Dessert

Petits pots de crème à la vanille

Dans une casserole, faites chauffer le lait avec la crème et la vanille.

Dans un saladier, à l'aide d'un fouet, mélangez le sucre avec les jaunes d'œufs.

Préchauffez le four à 120 °C (th. 4).

Incorporez le lait à la crème dans les jaunes au sucre.

Répartissez la crème dans les pots.

Mettez au four au bain-marie pendant 40 minutes.

Laissez reposer 1 heure à température ambiante puis mettez au frigo jusqu'au moment de servir.

LE SECRET DE Sophie

Pour la cuisson au bain-marie, j'utilise directement la plaque du four et je verse de l'eau froide à hauteur.

L'ASTUCE DÉCO DE SOPHIE

J'utilise des pots de yaourt en terre pour cuire mes crèmes.

Ingrédients

Pour 9 pots

- 8 jaunes d'œufs
- 170 g de sucre en poudre
- 50 cl de crème liquide entière
- 50 cl de lait entier ou demi-écrémé
- 1 cuillerée à café de vanille en poudre

La Maison de Sophie

Menu de la semaine

quarante

ANNIVERSAIRE DE SOPHIE

Apéritif

Piscine au pamplemousse et beignets de parmesan

Plat

Onglet de bœuf sauce échalote

Accompagnement

Pommes de terre sautées

Dessert

Gâteau d'anniversaire à l'américaine

ANNIVERSAIRE DE SOPHIE

Apéritif

Piscine au pamplemousse et beignets de parmesan

Piscine à la crème de pamplemousse rose

Dans un grand verre ballon ou à cocktail, versez la crème de pamplemousse.

Ajoutez le champagne puis les glaçons. Tchin !

Beignets de parmesan

Dans une casserole, portez à ébullition l'eau et le beurre.

Quand le beurre est fondu, ajoutez d'un seul coup la farine et mélangez pendant 2 minutes.

Ajoutez les fromages puis les œufs un à un. Salez et poivrez.

Mettez au frigo pendant au minimum 2 heures.

Façonnez des boules de la taille d'une balle de golf.

Dans une friteuse, une fois que l'huile de friture est chaude (160 °C), plongez les beignets et faites-les frire pendant 4 minutes. Ils sont presque cuits quand ils remontent à la surface.

Égouttez-les sur du papier absorbant et dégustez aussitôt.

LE CONSEIL DE SOPHIE

Je ne bois aucun alcool excepté celui-là, qui est devenu au fil du temps le cocktail féminin de La Maison de Sophie… À consommer avec modération !

LE SECRET DE Sophie

Pour façonner des boules, j'utilise une cuillère à glace. Même si je n'ai pas besoin de toute la quantité de beignets, je les réalise et en congèle la moitié.

Ingrédients

Pour 1 piscine

- 20 cl de champagne
- 5 cl de crème de pamplemousse rose Giffard®
- 4 glaçons

Pour environ 60 beignets

- 100 g de gruyère râpé
- 120 g de parmesan râpé
- 4 œufs
- 115 g de beurre
- 125 g de farine
- 2 l d'huile spéciale friture Frial®
- 20 cl d'eau
- Sel et poivre du moulin

ANNIVERSAIRE DE SOPHIE

Plat

Onglet de bœuf sauce échalote

Pelez et coupez les échalotes en deux.

Dans une sauteuse, faites revenir les échalotes dans le beurre à feu doux pendant 15 minutes.

Ajoutez le sucre et le vin.

Laissez réduire de moitié sur feu doux pendant 30 minutes.

Dans une poêle antiadhésive, faites griller dans l'huile à feu vif les onglets pendant 5 minutes de chaque côté. Salez et poivrez.

Déposez un morceau d'onglet dans chaque assiette et recouvrez d'échalotes au vin.

Dégustez aussitôt accompagné de pommes de terre sautées.

Ingrédients

Pour 6 personnes

- 6 morceaux d'onglet de bœuf de 170 g chacun (ou bavette ou hampe côté épais)
- 18 échalotes longues (700 g)
- 50 g de sucre
- 60 cl de vin rouge
- 40 g de beurre
- 1 cuillerée à soupe d'huile de tournesol
- Sel et poivre du moulin

ANNIVERSAIRE DE SOPHIE

Accompagnement

Pommes de terre sautées

Dans une casserole d'eau bouillante salée, faites cuire les pommes de terre avec la peau pendant 20 minutes.

Égouttez-les, passez-les sous l'eau froide puis coupez-les en rondelles.

Dans une sauteuse, faites fondre le beurre.

Ajoutez les rondelles de pomme de terre.

Parsemez de fleur de sel, mélangez et laissez dorer à feu vif pendant 5 minutes sans y toucher. Baissez à feu doux puis laissez cuire les pommes de terre pendant 1 heure en les remuant de temps en temps. Elles sont alors gorgées de beurre et croustillantes à souhait.

Goûtez et rectifiez l'assaisonnement si nécessaire.

LE CONSEIL DE SOPHIE

Ne parlez pas de la quantité de beurre dans la recette à vos invités, ils risqueraient de quitter la table… Et ce serait vraiment dommage !

Ingrédients

Pour 6 personnes

- 2 kg de pommes de terre roseval
- 200 g de beurre
- Fleur de sel

Dessert

Gâteau d'anniversaire à l'américaine

Préchauffez le four à 180 °C (th. 6).

Pour la préparation de la première génoise, séparez d'abord les blancs des jaunes d'œufs. À l'aide du robot, montez les blancs en neige. Quand ils sont fermes, ajoutez le sucre en continuant de battre. Baissez la vitesse du robot et ajoutez d'un seul coup les jaunes puis tout de suite la farine. Arrêtez le robot dès que la farine est mélangée. Réservez la pâte.

Recommencez cette opération trois fois.

Répartissez les pâtes dans quatre moules à manqué préalablement beurrés de 28 cm, 25 cm, 20 cm et 12 cm de diamètre.

Mettez au four pendant 35 minutes pour les grands moules et 25 minutes pour celui de 12 cm.

Démoulez et laissez refroidir sur des grilles.

Pendant ce temps, préparez la ganache.

Faites tremper les feuilles de gélatine dans un bol d'eau froide pour les ramollir.

Dans une casserole, portez à ébullition la crème liquide avec la vanille. Essorez les feuilles de gélatine et ajoutez-les dans la crème chaude.

Hors du feu, versez la crème sur le chocolat en morceaux, en deux ou trois fois, tout en remuant à l'aide d'un fouet jusqu'à ce que le chocolat soit bien fondu et lisse.

Laissez refroidir et mettez la ganache au congélateur pendant 20 minutes (vous pouvez aussi la mettre au frigo pendant au minimum 12 heures).

Une fois la ganache bien froide, versez-la dans le bol du robot et montez-la à grande vitesse en chantilly.

À l'aide d'une spatule, nappez le gâteau de 28 cm avec la ganache fouettée et posez-le sur un socle de présentation. Posez au centre du premier gâteau celui de 25 cm. Nappez de nouveau de ganache. Répétez l'opération avec les deux suivants. Mettez la pièce montée dans un frigo (un grand frigo !) ou une pièce bien fraîche.

Au moment de servir, décorez le gâteau de fraises entières, de framboises, de perles, de roses, de rubans… Et posez sur le dessus un verre à tapas rempli de fruits et de roses. N'oubliez pas les bougies !

Servez accompagné de coulis de fraises (voir page 156).

Ingrédients

Pour 40 personnes

Pour la génoise (à multiplier par 5)

- 4 œufs
- 125 g de sucre en poudre
- 125 g de farine avec poudre levante incorporée (ou 125 g de farine + 1/2 sachet de levure)

Pour la ganache

- 90 cl de crème liquide entière
- 450 g de chocolat blanc
- 6 feuilles de gélatine Vahiné®
- 2 cuillerées à café de vanille en poudre

Pour la déco

- Des boutons de roses rouges et roses
- 500 g de fraises
- 125 g de framboises
- Des rubans
- Des perles en sucre
- Des petites meringues

LE CONSEIL DE SOPHIE

Décorez le gâteau au moment de servir car les fruits détremperaient la ganache. Commencez à découper la pièce montée par le haut.

★★★
ANNIVERSAIRE
DE SOPHIE
★★★

Menu de la semaine

quarante et une

MENU COPAIN

Entrée

Pain de poisson

Plat

Gigot d'agneau

Accompagnement

Poêlée de girolles

Dessert

Meringue d'automne

MENU COPAIN

Entrée

Pain de poisson

Dans un bol, mélangez tous les ingrédients de la vinaigrette.

Pelez les pommes de terre.

Dans une casserole d'eau bouillante salée, faites cuire les pommes de terre pendant 25 minutes.

Égouttez-les puis passez-les chaudes au moulin à légumes avec les œufs durs.

Mélangez la purée avec le thon à l'huile, le thon au naturel, les herbes et la vinaigrette.

Goûtez et rectifiez l'assaisonnement si nécessaire.

Versez en tassant bien dans un moule à cake de 26 cm antiadhésif.

Mettez au frigo pendant au minimum 2 heures.

Démoulez et décorez selon vos envies : crevettes, quartiers d'œuf, tomates, herbes…

Servez accompagné d'une mayonnaise ou d'une sauce tomate.

L'ASTUCE DÉCO DE SOPHIE

Entourez le pain de poisson de feuilles de salade accrochées à plusieurs longs brins de ciboulette reliés ensemble.

Ingrédients

Pour 8/10 personnes

- 1 boîte de 180 g net de thon au naturel égoutté
- 1 boîte de 100 g net de miettes de thon à l'huile
- 650 g de pommes de terre type bintje ou BF15
- 2 œufs durs
- 4 cuillerées à soupe d'herbes hachées (persil, ciboulette, coriandre, aneth…)
- Feuilles de salade pour la déco

Pour la vinaigrette

- 2 cuillerées à café de moutarde forte
- 1 cuillerée à soupe de vinaigre balsamique ou de vin
- 3 cuillerées à soupe d'huile d'olive
- Sel et poivre du moulin

MENU COPAIN

Plat

Gigot d'agneau

Préchauffez le four à 220 °C (th. 7-8).

Coupez le chapeau des têtes d'ail à 1 cm du haut et jetez-le.

Déposez le bouquet de romarin sur le gigot et attachez-le avec une ficelle de cuisine.

Dans un plat à rôtir, placez le gigot sur le socle des têtes d'ail.

Badigeonnez-le d'huile et saupoudrez de fleur de sel et de poivre.

Mettez au four pendant 10 minutes à 220 °C puis 1 heure à 180 °C (th. 6).

Quand le gigot est cuit, placez-le sur une assiette et recouvrez de papier d'aluminium.

Laissez reposer pendant 10 minutes avant de découper la viande.

Pour la sauce, dégraissez le plat de cuisson, pendant que la viande refroidit, en plaçant celui-ci sur feu moyen avec 15 cl d'eau bouillante et raclez le fond avec une cuillère en bois pour décoller toutes les particules caramélisées.

LE SECRET DE Sophie

Je sers souvent ce gigot avec une sauce à la menthe très facile à faire : dans un bol, mélangez 80 g de sauce à la menthe toute prête (en hypermarché, au rayon Grande-Bretagne) avec 60 g de moutarde à l'ancienne et 2 cuillerées à soupe d'huile d'olive. Salez et poivrez. Un délice !

Ingrédients

Pour 6 personnes

- 1 gigot d'agneau de 2 kg net
- 6 têtes d'ail
- 1 bouquet de romarin
- 3 cuillerées à soupe d'huile d'olive
- 15 cl d'eau
- Fleur de sel et poivre du moulin

MENU COPAIN

Accompagnement

Poêlée de girolles

Coupez le pied terreux des champignons puis passez-les rapidement sous l'eau froide. Coupez-les en deux si nécessaire.

Dans une sauteuse, faites chauffer l'huile.

Mettez d'un seul coup les champignons puis laissez-les dorer à feu vif pendant 2 minutes.

Retournez-les puis laissez-les dorer pendant encore 1 minute.

Baissez le feu et ajoutez le beurre ainsi que l'échalote émincée. Salez, poivrez et mélangez. Laissez mijoter pendant 2 minutes.

Parsemez de persil et servez aussitôt.

LE SECRET DE Sophie

Pour éviter que les champignons ne rendent de l'eau, j'attends que la poêle et l'huile soient bien chaudes et je ne les mélange que trois fois pendant la cuisson.

Ingrédients

Pour 6 personnes

- 900 g de girolles fraîches ou surgelées
- 1 échalote émincée
- 3 cuillerées à soupe de persil plat haché
- 40 g de beurre
- 2 cuillerées à soupe d'huile d'olive
- Fleur de sel et poivre du moulin

MENU COPAIN

Dessert

Meringue d'automne

Préchauffez le four à 120 °C (th. 4).

Commencez par préparer la meringue. À l'aide d'un batteur électrique, fouettez doucement les blancs d'œufs en y incorporant petit à petit les 200 g de sucre puis la vanille jusqu'à ce qu'ils soient brillants et fermes.

Garnissez de meringue une poche à douille munie d'une douille à bout lisse n° 10.

Tapissez de papier sulfurisé deux plaques à pâtisserie et façonnez dessus trois disques de meringue de 17 cm de diamètre en déposant la pâte en spirale à partir du centre.

Mettez au four pendant 30 minutes à 120 °C puis 1 heure 30 à 100 °C (th. 3-4) en maintenant la porte entrouverte à l'aide d'une cuillère en bois.

Laissez les disques de meringue refroidir dans le four éteint, le mieux étant de les réaliser la veille.

Pendant ce temps, faites fondre au micro-ondes le chocolat avec le beurre. Mélangez et laissez tiédir.

Ajoutez les jaunes et mélangez.

À l'aide d'un batteur électrique, montez les blancs d'œufs en neige ferme en ajoutant les 40 g de sucre.

Versez la préparation au chocolat sur les blancs et mélangez délicatement.

Couvrez le premier disque de meringue de mousse au chocolat, posez par-dessus le second disque, recouvrez de nouveau de mousse puis posez le dernier disque.

Masquez complètement le gâteau avec le reste de mousse et mettez au frigo au minimum 2 heures.

Au moment de servir, décorez le gâteau de copeaux de chocolat.

Ingrédients

Pour 6/8 personnes

Pour 3 disques de meringue

- 4 blancs d'œufs
- 200 g de sucre en poudre
- 1/2 cuillerée à café de vanille en poudre

Pour la mousse au chocolat

- 250 g de chocolat noir + des copeaux
- 150 g de beurre
- 4 jaunes d'œufs
- 6 blancs d'œufs
- 40 g de sucre en poudre

Menu de la semaine

quarante-deux

Apéritif

Crostini à l'avocat

Entrée

Millefeuilles de betterave au chèvre

Plat

Saumon mariné au sirop d'érable

Dessert

Bocal de figues au rhum

Apéritif

Crostini à l'avocat

Égouttez les petits pois.

Coupez l'avocat en deux, dénoyautez-le et retirez la chair, grâce à un coupe-avocat.

À l'aide d'un robot hachoir, mixez tous les ingrédients sauf les crevettes.

Salez et poivrez.

Servez accompagné des crevettes et de toasts et décorez de coriandre.

L'USTENSILE GAIN DE TEMPS DE SOPHIE

Le coupe-avocat est un ustensile formidable pour lui faire la peau sans difficulté ! Jl me permet de retirer facilement la chair de l'avocat et de réaliser de jolies lamelles pour agrémenter les salades.

Ingrédients

Pour 6 personnes

- 12 petites crevettes roses cuites décortiquées
- 1 avocat mûr
- 1 gousse d'ail hachée
- 1 boîte de petits pois de 280 g net
- Le jus de 1 citron vert
- 2 cuillerées à soupe de coriandre ciselée
- Toasts
- Sel et poivre du moulin

Entrée

Millefeuilles de betterave au chèvre

Commencez par préparer la sauce en mélangeant, dans un bol, le jus d'orange avec le vinaigre balsamique et l'huile.

Salez et poivrez. Ajoutez les feuilles de menthe.

Mettez au frigo au minimum 3 heures afin que le mélange infuse, le mieux étant de préparer la sauce la veille.

Coupez les betteraves en rondelles d'environ 0,5 cm d'épaisseur.

À l'aide d'un emporte-pièce ou d'un verre de 6 cm de diamètre, découpez dix-huit ronds réguliers dans les plus grandes rondelles de betterave.

Dans un bol, mélangez le chèvre avec la crème liquide et les herbes. Salez et poivrez.

Au moment de servir, montez le millefeuille en intercalant entre trois rondelles de betterave, la crème de chèvre à l'aide d'une poche munie d'une douille cannelée ou d'une cuillère.

Arrosez de sauce, décorez d'herbes et servez aussitôt.

Ingrédients

Pour 6 personnes

- 3 betteraves cuites
- 200 g de fromage de chèvre frais Petit Billy®
- 15 cl de crème liquide entière
- 4 cuillerées à soupe d'herbes hachées (ciboulette, persil, coriandre, basilic…)
- Sel et poivre du moulin

Pour la sauce

- 3 cuillerées à soupe de vinaigre balsamique
- 2 cuillerées à soupe d'huile d'olive
- Le jus de 1 orange
- 10 feuilles de menthe ciselées
- Sel et poivre du moulin

Plat

Saumon mariné au sirop d'érable

Ingrédients

Pour 6 personnes

Pour la marinade

- 6 pavés de saumon de 150 g sans la peau désarêtés
- 4 cuillerées à soupe de sirop d'érable
- 4 cuillerées à soupe de sauce soja

Pour la julienne de légumes

- 2 petites carottes
- 2 petites courgettes
- 2 gousses d'ail hachées
- 3 cuillerées à soupe d'huile d'olive
- Sel et poivre du moulin

Pour la sauce au curry

- 100 g de beurre
- 10 cl de crème liquide entière
- 3 cuillerées à soupe de moutarde Fins Gourmets de Maille®
- 1 cuillerée à café de curry
- 2 cuillerées à soupe d'aneth ciselé
- Sel et poivre du moulin

Pour la finition

- 10 g de copeaux de parmesan
- 80 g de chorizo doux
- 6 brins d'aneth

Dans un plat creux, mélangez le sirop d'érable avec la sauce soja.

Déposez dessus les pavés de saumon. Recouvrez le plat de film alimentaire de façon hermétique. Secouez-le pour que les pavés de saumon soient bien imprégnés de marinade.

Mettez au frigo pendant 1 heure en secouant tous les quarts d'heure.

Épluchez les carottes. À l'aide d'un épluche-julienne, découpez les légumes en julienne.

Dans une sauteuse, faites-les mijoter à feu doux avec l'ail haché dans l'huile pendant 10 minutes. Salez et poivrez.

Dans une casserole, faites fondre le beurre à feu doux. Incorporez en fouettant la moutarde, la crème liquide, le curry et l'aneth ciselé. Salez et poivrez.

Préchauffez le four à 240 °C (th. 8).

Égouttez les pavés de saumon et déposez-les sur la plaque du four recouverte d'un tapis en silicone ou de papier sulfurisé. Mettez au four pendant 6 minutes.

Déposez les pavés de saumon sur six assiettes. Répartissez dessus les légumes.

Nappez de sauce. Décorez de lamelles de chorizo, de copeaux de parmesan et d'aneth. Servez.

LE SECRET DE Sophie

J'utilise un sac Ziploc® à fermeture pour faire mariner les saumons ! Je prépare ma sauce 2 heures à l'avance et je la verse dans une bouteille Thermos® afin de la conserver chaude.

Dessert

Bocal de figues au rhum

Dans un bocal, déposez délicatement les figues avec le bâton de cannelle et la gousse de vanille coupée en deux dans le sens de la longueur.

Dans une casserole, faites fondre le sucre dans le rhum.

Portez le rhum à ébullition 30 secondes. Mélangez et laissez tiédir.

Recouvrez entièrement les figues avec le rhum.

Fermez le bocal hermétiquement et laissez macérer un mois avant de consommer.

Ces figues se servent accompagnées de boules de glace à la vanille.

Ingrédients

Pour 6 personnes

- 700 g de petites figues fraîches mûres à point
- 70 cl de rhum brun
- 1 bâton de cannelle
- 1 gousse de vanille
- 250 g de sucre cristallisé

Menu de la semaine

quarante-trois

Apéritif

Barquettes aux figues

Entrée

Tartelettes de rillettes aux pommes

Plat

Bar en croûte d'herbes

Dessert

Crème au lait de coco

Apéritif

Barquettes aux figues

Coupez les figues en quatre.

Dans un bol, mélangez le Boursin® avec le lait.

Sur un film alimentaire, posez côte à côte cinq tranches de viande des Grisons en les faisant se chevaucher légèrement.

Disposez de la même manière les cinq autres tranches sur la moitié inférieure de la première rangée afin de former un rectangle.

Étalez le fromage sur la viande.

Roulez le tout bien serré et enveloppez avec le film alimentaire.

Mettez au frigo pendant 2 heures, le mieux étant de préparer le roulé la veille.

Coupez le roulé en vingt morceaux.

Sur une pique en bois, piquez un morceau du roulé puis un quartier de figue.

LE SECRET DE Sophie

J'adore décorer le bout des piques en bois de fleurs ; ici ce sont des petites feuilles de vigne.

Ingrédients

Pour 20 pièces

- 10 tranches de viande des Grisons
- 5 figues fraîches
- 100 g de Boursin®
- 2 cuillerées à soupe de lait
- 20 piques en bois

Entrée

Tartelettes de rillettes aux pommes

À l'aide d'un pèle-pomme, pelez les pommes et coupez-les en lamelles.

Dans une poêle antiadhésive, faites-les revenir dans le beurre à feu moyen pendant 5 minutes.

Préchauffez le four à 200 °C (th. 6-7).

Étalez la pâte feuilletée.

Découpez des ronds de 12 cm de diamètre dans la pâte et étalez-les dans six moules à tartelettes de 10 cm de diamètre.

Posez dans chaque moule à tartelette du papier sulfurisé et mettez-y des haricots secs.

Mettez-les au four pendant 10 minutes.

Retirez les haricots et le papier sulfurisé et laissez refroidir.

Retirez le gras situé au-dessus des rillettes.

Répartissez les lamelles de pomme dans chaque tartelette et mettez ensuite une cuillerée à soupe de rillettes.

Parsemez de noisettes concassées et mettez au four à 180 °C (th. 6) pendant 10 minutes.

Servez tiède accompagné d'une salade.

Ingrédients

Pour 6 personnes

- 1 pâte feuilletée pur beurre prête à dérouler
- 2 pommes
- 1 pot de rillettes de porc (220 g)
- 12 noisettes décortiquées
- 30 g de beurre

Plat

Bar en croûte d'herbes

Effeuillez le persil et l'aneth.

Ciselez toutes les herbes.

Dans un saladier, mélangez les herbes avec les blancs d'œufs, la moutarde et l'huile d'olive. Salez et poivrez.

Sur un film alimentaire, étalez une couche épaisse d'herbes.

Déposez les filets de bar par-dessus et recouvrez d'une nouvelle couche d'herbes.

Enveloppez de film alimentaire et mettez au frigo.

Pelez les pommes de terre et faites-les cuire dans de l'eau bouillante salée pendant 20 minutes.

Préchauffez le four à 210 °C (th. 7).

Dans une sauteuse, faites confire les oignons émincés avec le vinaigre et la bière à feu doux jusqu'à quasi-évaporation du liquide.

Versez l'huile de tournesol sur les oignons.

Ôtez le film alimentaire des filets de poisson et déposez-les sur la plaque du four recouverte d'un tapis en silicone ou de papier sulfurisé. Mettez au four pendant 10 minutes.

Égouttez les pommes de terre et coupez-les en rondelles.

Mélangez-les avec les oignons et la fleur de sel.

Posez un filet de bar sur chaque assiette et accompagnez-le de pommes de terre avec une cuillerée à soupe de yaourt.

Ingrédients

Pour 6 personnes

- 6 filets de bar d'environ 200 g chacun
- 10 pommes de terre type charlotte
- 2 oignons rouges émincés
- 2 yaourts à la grecque
- 6 cuillerées à soupe de vinaigre de vin
- 33 cl de bière
- 6 cl d'huile de tournesol
- Fleur de sel

Pour la croûte d'herbes

- 100 g de branches de persil plat
- 30 g de brins de ciboulette
- 60 g de branches d'aneth
- 4 blancs d'œufs
- 4 cuillerées à soupe de moutarde à l'ancienne
- 8 cuillerées à soupe d'huile d'olive
- Sel et poivre du moulin

Dessert

Crème au lait de coco

Préchauffez le four à 100 °C (th. 3-4).

Dans un saladier, mélangez les jaunes d'œufs avec le lait concentré, le lait de coco et le lait.

Répartissez le tout dans des pots de yaourt en verre et mettez au four pendant 1 heure.

Laissez refroidir et mettez au frigo pendant deux jours.

LE CONSEIL DE SOPHIE
Essayez de patienter deux jours, cela vaut la peine !

Ingrédients

Pour 8 personnes

- 1 boîte de lait de coco de 40 cl
- 1 boîte de lait concentré sucré (397 g)
- 50 cl de lait entier ou demi-écrémé
- 8 jaunes d'œufs

Menu de la semaine

quarante-quatre

MENU HALLOWEEN

Entrée

Quiche à la citrouille

Plat

Rôti de magret de canard

Accompagnement

Potimarron rôti au miel

Dessert

Parfait au potiron

MENU HALLOWEEN

Entrée

Quiche à la citrouille

Étalez la pâte dans un moule à tarte de 28 cm de diamètre et mettez au frigo.

Coupez la chair de la citrouille en morceaux et faites-la cuire dans une casserole d'eau bouillante salée pendant 20 minutes.

Égouttez-la et réduisez-la en purée. Salez et poivrez.

Dans une poêle antiadhésive, faites dorer les allumettes de lardons pendant 5 minutes à feu moyen sans matière grasse.

Préchauffez le four à 200 °C (th. 6-7).

Dans un saladier, mélangez la crème fraîche avec la farine, l'ail, les œufs, le persil et les lardons.

Incorporez la purée et mélangez. Goûtez et rectifiez l'assaisonnement si nécessaire.

Versez la préparation dans le moule. Parsemez de gruyère râpé et mettez au four pendant 10 minutes à 200 °C puis 25 minutes à 180 °C (th. 6).

Cette quiche se déguste tiède accompagnée d'une salade verte.

Ingrédients

Pour 6 personnes

- 1 pâte feuilletée pur beurre prête à dérouler
- 750 g de chair de citrouille
- 300 g d'allumettes de lardons fumés
- 2 gousses d'ail hachées
- 100 g de gruyère râpé
- 2 œufs
- 25 g de farine
- 100 g de crème fraîche épaisse à 40 % de MG
- 3 cuillerées à soupe de persil haché
- Sel et poivre du moulin

MENU HALLOWEEN

Plat

Rôti de magret de canard

Demandez à votre boucher de retirer un peu de gras des magrets et de les ficeler comme un rôti côté peau.

Badigeonnez le rôti de magret d'huile puis roulez-le dans le cinq-épices. Salez et poivrez.

Entourez-le de film alimentaire et mettez-le à mariner au frigo pendant une nuit.

Préchauffez le four à 200 °C (th. 6-7).

Posez le rôti de magret dans un plat allant au four avec les échalotes et les gousses d'ail.

Versez la pulpe de tomate et mettez au four pendant 25 minutes.

Retirez la ficelle et découpez le rôti en tranches.

Parsemez de fleur de sel et servez aussitôt.

Ingrédients

Pour 6 personnes

- 2 magrets de canard
- 2 échalotes émincées (70 g)
- 6 gousses d'ail entières et non épluchées
- 1/2 boîte de 400 g de pulpe de tomate en dés
- 1 cuillerée à soupe d'huile de tournesol
- 3 cuillerées à soupe de cinq-épices
- Fleur de sel et poivre du moulin

MENU HALLOWEEN

Accompagnement

Potimarron rôti au miel

Préchauffez le four à 180 °C (th. 6).

Coupez le chapeau du potimarron. Retirez les graines et, à l'aide d'un économe, pelez-le.

Coupez la chair en gros morceaux afin d'en obtenir environ 800 g.

Mettez le tout dans un plat à gratin.

Dans un bol, mélangez l'huile avec le sucre, le cumin et le miel.

Versez le tout sur les morceaux de potimarron. Salez, poivrez et mélangez.

Mettez au four pendant 45 minutes.

Dégustez chaud accompagné d'une cuillerée à café de crème fraîche épaisse.

LE SECRET DE Sophie

Pour retirer la chair à l'intérieur d'un potimarron, j'utilise une cuillère à glace.

L'ASTUCE DÉCO DE SOPHIE

Vous pouvez présenter cet accompagnement dans un potimarron.

Ingrédients

Pour 6 personnes

- 1 potimarron
- 1 cuillerée à soupe de sucre en poudre
- 2 cuillerées à soupe de miel liquide
- 4 cuillerées à soupe d'huile d'olive
- 1 cuillerée à soupe de cumin en grains
- Sel et poivre du moulin

MENU HALLOWEEN

Dessert

Parfait au potiron

Dans un bol, faites cuire la chair de potiron pendant 10 minutes au micro-ondes à la puissance maximale.

Réduisez la chair en purée avec une fourchette.

Laissez refroidir.

Dans un saladier, ajoutez à la purée de potiron le lait concentré, le sucre vanillé et le quatre-épices.

À l'aide d'un batteur électrique, montez la crème liquide bien froide en chantilly.

Incorporez-la à la préparation.

Versez le tout dans des moules individuels en silicone ou un moule à cake de 26 cm antiadhésif.

Mettez au congélateur pendant au minimum 6 heures.

Servez accompagné d'une cuillerée à café de confiture à l'orange et de sablés.

LE CONSEIL DE SOPHIE

Si vous utilisez un moule à cake antiadhésif, trempez-le quelques secondes dans l'eau chaude pour démouler facilement le parfait.

L'ASTUCE DÉCO DE SOPHIE

Réalisez des araignées avec les biscuits (PiM's®, Smarties®, billes chocolat, et des brindilles de bois en guise de patte).

Ingrédients

Pour 6 personnes

- 300 g de chair de potiron ou de courge coupée en morceaux
- 250 g de lait concentré sucré Nestlé®
- 1 sachet de sucre vanillé
- 30 cl de crème liquide entière
- 1 cuillerée à café de quatre-épices

Menu de la semaine

quarante-cinq

Entrée

Crème de champignons à la poire

Plat

Andouillettes à la mousse de moutarde

Accompagnement

Röstis suisses

Dessert

Baba au rhum

Entrée

Crème de champignons à la poire

Coupez le pied terreux des champignons de Paris puis passez-les sous l'eau froide. Essuyez-les et émincez-les.

Essuyez les girolles avec un linge humide.

Dans une cocotte, faites revenir les échalotes dans 30 g de beurre à feu moyen pendant 5 minutes.

Ajoutez les champignons de Paris et laissez mijoter à feu doux pendant 10 minutes.

Versez le bouillon et la crème liquide. Salez, poivrez et laissez mijoter sur feu moyen et sans couvrir pendant 30 minutes.

À l'aide d'un mixer blender, mixez le tout pendant 30 secondes.

Dans une poêle antiadhésive, faites sauter les girolles à feu vif dans 20 g de beurre. Salez, poivrez et mettez de côté.

Pelez, coupez la poire en deux et retirez le cœur. Coupez-la en petits morceaux.

Faites dorer les morceaux de poire à feu moyen dans la poêle des girolles avec le beurre restant.

Répartissez la crème de champignons dans des assiettes creuses puis disposez les girolles et les cubes de poire.

Parsemez de ciboulette et servez aussitôt.

Ingrédients

Pour 6 personnes

- 600 g de champignons de Paris
- 150 g de girolles
- 2 échalotes hachées
- 1 poire
- 3 cuillerées à soupe de ciboulette ciselée
- 60 g de beurre
- 20 cl de crème liquide entière
- 1,2 l de bouillon de volaille (1,2 l d'eau bouillante + 4 cubes de bouillon de volaille)
- Sel et poivre du moulin

Plat

Andouillettes à la mousse de moutarde

Préchauffez le four à 240 °C (th. 8).

Badigeonnez les andouillettes d'un peu d'huile et faites-les griller 8 à 10 minutes au four en les retournant à mi-cuisson.

Dans une casserole, mélangez les jaunes d'œufs, la moutarde, l'eau, le sel et le poivre.

Faites chauffer en remuant sur feu doux sans faire bouillir jusqu'à la consistance d'une crème homogène comme une crème anglaise.

Incorporez petit à petit le beurre en continuant de fouetter puis versez un trait de jus de citron.

Servez les andouillettes avec la sauce, accompagnées des röstis.

Ingrédients

Pour 6 personnes

- 6 andouillettes de 200 g chacune
- 2 cuillerées à soupe d'huile de tournesol

Pour la sauce à la moutarde

- 4 jaunes d'œufs
- 1 cuillerée à soupe de moutarde forte
- 3 cuillerées à soupe d'eau
- 150 g de beurre
- Le jus de 1/2 citron
- Sel et poivre du moulin

Accompagnement

Röstis suisses

Pelez et lavez les pommes de terre.

Essuyez-les bien et râpez-les dans un saladier. Essorez-les en pressant bien avec vos mains pour en retirer toute l'eau. Salez et poivrez.

Dans une poêle antiadhésive, étalez les pommes de terre en galettes dans l'huile puis faites-les dorer des deux côtés à feu moyen.

Couvrez et laissez cuire pendant 20 minutes à feu doux en ne les retournant qu'une fois.

LE CONSEIL DE SOPHIE

Pour retourner les röstis plus facilement, utilisez une assiette aussi grande que la poêle.

Ingrédients

Pour 6 personnes

- 1 kg de pommes de terre type charlotte ou bintje
- 2 cuillerées à soupe d'huile de tournesol
- Sel et poivre du moulin

Dessert

Baba au rhum

Pour le levain, mélangez dans le bol d'un robot la farine avec la levure et le lait tiédi. Laissez reposer 2 heures à température ambiante recouvert d'un torchon.

Ajoutez ensuite la farine, le miel et le sel. Pétrissez pendant 1 minute puis ajoutez les œufs un à un. Une fois que les œufs sont incorporés, versez le beurre fondu. Mélangez et stoppez.

Beurrez un moule à savarin et versez-y la pâte.

Laissez-la lever dans le four éteint pendant 30 minutes jusqu'à ce qu'elle atteigne le bord du moule.

Retirez le baba du four et préchauffez-le à 180 °C (th. 6).

Mettez au four pendant 40 minutes.

Laissez refroidir sur une grille.

Pour le sirop, portez à ébullition dans une casserole l'eau et tous les ingrédients sauf le rhum. Hors du feu, ajoutez le rhum et laissez tiédir.

Posez le baba sur une grille, elle-même posée dans un plat, et arrosez souvent le baba de sirop jusqu'à ce qu'il soit bien imbibé.

Servez accompagné d'une crème pâtissière ou de chantilly.

LE CONSEIL DE SOPHIE

Attention à la température du sirop : plus il est chaud, plus votre baba va s'émietter ; plus il est froid, moins il s'imbibera. Jl faut donc trouver la température idéale.

L'ASTUCE DÉCO DE SOPHIE

Entourez votre baba d'un joli ruban.

Ingrédients

Pour 6 personnes

- 180 g de farine
- 2 cuillerées à soupe de miel (15 g)
- 2 cuillerées à café de sel (5 g)
- 4 œufs
- 130 g de beurre fondu + 20 g pour le moule

Pour le levain

- 70 g de farine
- 10 g de levure de boulanger instantanée en sachet
- 7 cl de lait entier

Pour le sirop

- 1 l d'eau
- 100 g de sucre en poudre
- Le zeste de 1 orange
- 20 cl de rhum brun
- 1 cuillerée à café de vanille en poudre

Menu de la semaine

quarante-six

MENU NORMAND

Apéritif

Nems d'andouillette

Plat

Poulet vallée d'Auge

Trou normand

Le granité normand

Dessert

Douillon aux poires et sa sauce au chocolat

MENU NORMAND

Apéritif

Nems d'andouillette

Dans un bol, faites décongeler les échalotes surgelées.

Ajoutez la moutarde. Salez, poivrez et mélangez. Mettez de côté.

Pour les nems, coupez en deux chaque andouillette puis chaque moitié en quatre morceaux.

Préchauffez le four à 210 °C (th. 7).

Badigeonnez une feuille de brick de jaunes battus avec un peu d'eau des deux côtés.

Posez dessus, à l'horizontale, un morceau d'andouillette sur la feuille de brick.

Rabattez les deux côtés de la feuille de brick puis roulez-la sur elle-même.

Répétez l'opération pour les autres morceaux d'andouillette.

Mettez au four pendant 10 minutes jusqu'à ce que les nems soient dorés.

Servez accompagné de la sauce.

Ingrédients

Pour environ 16 nems

- 2 andouillettes
- 16 feuilles de brick
- 2 jaunes d'œufs

Pour la sauce

- 1/3 de sachet d'échalotes (20 g) surgelées Picard®
- 2 cuillerées à café de moutarde Fins Gourmets de Maille®
- Sel et poivre du moulin

MENU NORMAND

Plat

Poulet vallée d'Auge

Enlevez le pied terreux des champignons. Lavez-les sous l'eau froide, essuyez-les et coupez-les en quatre.

Dans une cocotte, faites dorer à feu vif les morceaux de poulet dans l'huile chaude.

Ajoutez les oignons et les champignons. Mélangez et faites cuire à feu moyen pendant 10 minutes tout en remuant de temps en temps. Salez et poivrez.

Versez le cidre, mélangez et laissez réduire à feu moyen pendant 5 minutes.

Ajoutez la crème fraîche, mélangez et laissez mijoter de nouveau pendant 30 minutes à feu doux jusqu'à ce que le poulet soit cuit.

À l'aide d'une écumoire, sortez les morceaux de poulet et les champignons.

Faites encore réduire la sauce à feu vif jusqu'à ce qu'elle épaississe.

Rectifiez l'assaisonnement si nécessaire.

Servez ce plat avec des «pommes en l'air» (des pommes golden épluchées et coupées en quatre, dorées dans du beurre).

Ingrédients

Pour 6 personnes

- 1 poulet de 1,5 kg découpé
- 500 g de champignons de Paris
- 2 oignons émincés
- 40 cl de cidre brut
- 400 g de crème fraîche épaisse à 40 % de MG
- 3 cuillerées à soupe d'huile de tournesol
- Sel et poivre du moulin

MENU NORMAND

Trou normand

Le granité normand

Pour ranimer l'appétit, il est d'usage de servir au milieu d'un grand repas un petit verre d'alcool. Renouvelons la tradition avec ce granité rafraîchissant et peu sucré.

Dans une casserole, portez à ébullition l'eau avec le sucre.

Laissez refroidir et versez le cidre et le calvados.

Mélangez et mettez dans un plat au congélateur pendant 3 heures.

Mélangez à la fourchette toutes les 30 minutes et servez ce granité accompagné d'une lamelle de pomme.

Ingrédients

Pour 6/8 personnes

- 250 g de sucre en poudre
- 15 cl d'eau
- 70 cl de cidre brut
- 10 cl de calvados

MENU NORMAND

Dessert

Douillon aux poires et sa sauce au chocolat

Douillon aux poires

À l'aide d'un économe, pelez les poires en les laissant entières avec la queue.

Puis évidez-les par la base avec la pointe d'un couteau pour retirer la partie ligneuse du centre et les pépins.

Mettez quelques framboises dans le trou en tassant bien.

Préchauffez le four à 200 °C (th. 6-7).

Enveloppez chaque poire d'un cercle de pâte feuilletée de 17 cm de diamètre (n'hésitez pas à rafistoler la pâte) et disposez-les sur la plaque du four recouverte d'un tapis en silicone ou de papier sulfurisé.

Badigeonnez chaque douillon de jaunes d'œufs battus avec un peu d'eau.

Mettez au four pendant 35 minutes.

Servez ce dessert accompagné de sauce au chocolat.

Sauce au chocolat

Dans une casserole au bain-marie ou un bol au micro-ondes, faites fondre le chocolat avec le lait et la crème. Mélangez.

Si vous préparez la sauce à l'avance, mettez-la dans un Thermos® afin de la garder liquide et chaude.

Si vous n'avez pas de Thermos®, réchauffez-la 1 minute au micro-ondes.

Ingrédients

Pour 6 personnes

- 2 pâtes feuilletées pur beurre prêtes à dérouler
- 6 poires conférence
- 125 g de framboises
- 2 jaunes d'œufs

Sauce au chocolat

- 400 g de chocolat noir pâtissier
- 20 cl de lait demi-écrémé
- 20 cl de crème liquide entière

Menu de la semaine

quarante-sept

MENU EXOTIQUE

Entrée

Chiffonnade d'endives au haddock

Plat

Sauté de bœuf aux oignons

Accompagnement

Riz cantonais

Dessert

Baklava à la pomme

MENU EXOTIQUE

Entrée

Chiffonnade d'endives au haddock

Passez le filet de haddock sous l'eau froide puis mettez-le dans une casserole.

Recouvrez-le de lait et laissez pocher pendant 10 minutes à feu doux.

Égouttez le haddock, enlevez la peau et émiettez la chair à la main. Laissez refroidir.

Plongez les feuilles de persil dans de l'eau bouillante très salée (20 g de sel pour 1 litre) pendant 1 minute. Égouttez-les en pressant les feuilles avec le dos d'une cuillère puis mixez-les avec un glaçon.

Incorporez l'huile. Poivrez et mettez au frigo.

Coupez la base de sept endives puis émincez-les finement en les arrosant du jus de citron.

Préparez une mayonnaise en mélangeant les jaunes d'œufs avec la moutarde et une pincée de sel. Montez la mayonnaise en fouettant l'huile. Poivrez.

Dans un saladier, mélangez les échalotes avec la mayonnaise, la chair de haddock, les endives et la ciboulette.

Répartissez la préparation sur les assiettes.

Décorez de l'endive restante effeuillée et entourez d'un cordon de jus de persil.

LE SECRET DE Sophie

Lorsque je réalise une mayonnaise, je mélange au minimum deux jaunes d'œufs avec la moutarde puis j'attends 3 minutes afin de créer une colle qui me permet de ne jamais la rater.

Ingrédients

Pour 6 personnes

- 300 g de filet de haddock
- 8 endives
- 2 échalotes émincées (70 g)
- Le jus de 1 citron
- 1 botte de persil plat
- 3 cuillerées à soupe de ciboulette ciselée
- 60 cl de lait
- 3 cuillerées à soupe d'huile de pépins de raisin
- Poivre du moulin

Pour la mayonnaise

- 2 jaunes d'œufs
- 1 cuillerée à café de moutarde forte
- 3 cuillerées à soupe d'huile de pépins de raisin
- Sel et poivre du moulin

MENU EXOTIQUE

Accompagnement

Riz cantonais

La veille, faites cuire le riz dans de l'eau bouillante salée suivant les indications du paquet. Égouttez et mettez au frigo jusqu'au lendemain.

Dans une casserole d'eau bouillante salée, faites blanchir les petits pois pendant 1 minute. Égouttez-les.

Coupez la base de la sucrine puis émincez-la finement.

Dans une sauteuse ou un wok, faites sauter le riz dans l'huile bien chaude pendant 1 minute tout en remuant à feu moyen.

Ajoutez le jambon, les petits pois, les germes de soja et la sucrine. Salez.

Formez un puits et versez-y les œufs préalablement battus.

Mélangez rapidement et laissez cuire encore 2 minutes tout en remuant.

Servez accompagné de sauce soja.

LE SECRET DE Sophie

Lorsque je prépare un plat à base de riz sauté, je fais chauffer l'huile avant d'ajouter le riz bien froid pour obtenir un riz bien croustillant.

Ingrédients

Pour 6 personnes

- 400 g de riz basmati
- 100 g d'allumettes ou de dés de jambon blanc
- 100 g de petits pois surgelés
- 70 g de pousses de soja en boîte
- 1 salade sucrine
- 2 œufs
- 4 cuillerées à soupe d'huile de tournesol
- Sel

MENU EXOTIQUE

Dessert

Baklava à la pomme

Pelez et coupez les pommes en quartiers. Retirez le cœur et râpez-les. Arrosez de jus de citron.

Hachez grossièrement les pistaches et réservez une cuillerée à soupe pour la finition.

Dans un saladier, mélangez le reste des pistaches avec les amandes en poudre, la pomme râpée, la cannelle et le sucre.

Préchauffez le four à 180 °C (th. 6).

Découpez les feuilles de filo de la taille d'un plat allant au four d'environ 34 x 25 cm.

Beurrez quatre feuilles une par une et empilez-les au fond du plat. Étalez la garniture.

Recouvrez des six autres feuilles de filo également badigeonnées de beurre.

Mettez au four pendant 20 minutes.

Pendant ce temps, dans une casserole, faites chauffer le miel avec la fleur d'oranger.

Versez le miel chaud en filet sur le baklava à la sortie du four et laissez refroidir.

Saupoudrez de sucre glace et parsemez de pistaches avant de servir.

LE CONSEIL DE SOPHIE

Si vous découpez avant la cuisson en carrés ou en losanges votre baklava, le sirop versé après la cuisson pénétrera plus facilement, et le découpage final sera plus facile aussi.

LE SECRET DE Sophie

Je laisse refroidir et sécher au moins deux jours le baklava avant de le déguster, c'est meilleur !

Ingrédients

Pour 6/8 personnes

- 10 feuilles de filo
- 2 pommes golden
- Le jus de 1/2 citron
- 125 g de pistaches vertes non salées
- 125 g d'amandes en poudre
- 100 g de beurre fondu
- 3 cuillerées à soupe de sucre
- 2 cuillerées à soupe de cannelle
- 1 cuillerée à soupe de sucre glace

Pour le sirop

- 200 g de miel liquide
- 2 cuillerées à soupe de fleur d'oranger

Menu de la semaine

quarante-huit

Apéritif

Toasts fromage de chèvre et raisins au porto

Entrée

Fricassée d'escargots aux cèpes

Plat

Mouclade

Dessert

Salade de fruits exotiques

Apéritif

Toasts fromage de chèvre et raisins au porto

Dans un bol, écrasez avec une fourchette les fromages de chèvre avec le porto, du sel et du poivre.

Huilez six ramequins puis déposez dans chacun trois raisins épépinés et coupés en deux.

Recouvrez de la préparation au fromage en tassant bien.

Mettez au frigo pendant 2 heures.

Dans une poêle antiadhésive, faites griller sans matière grasse les tranches de bacon puis coupez-les en lamelles.

Démoulez les ramequins sur les tranches de pain toasté puis parsemez le tout de lamelles de bacon grillé et de mâche.

Nappez le tout d'un filet d'huile.

Ingrédients

Pour 6 toasts

- 6 fromages de chèvre frais (pélardon, picodon…)
- 6 tranches de bacon
- 18 raisins blancs
- 1 sachet de mâche
- 6 tranches de pain de campagne
- 3 cuillerées à soupe de porto blanc
- 3 cuillerées à soupe d'huile d'olive
- Sel et poivre du moulin

Entrée

Fricassée d'escargots aux cèpes

Coupez le pied terreux des cèpes, essuyez-les à l'aide d'un torchon humide puis émincez-les.

Égouttez les escargots. Rincez-les sous l'eau froide et épongez-les.

Dans une sauteuse à feu moyen, faites fondre le beurre avec le persil, l'ail et les échalotes. Salez et poivrez.

Ajoutez les cèpes et laissez-les mijoter pendant 10 minutes en remuant de temps en temps.

Ajoutez les escargots puis le vin blanc et les noix concassées.

Faites réduire le vin blanc de moitié sur feu moyen.

Versez la crème liquide et rectifiez l'assaisonnement si nécessaire.

Laissez mijoter encore 5 minutes et servez aussitôt.

Ingrédients

Pour 6 personnes

- 6 douzaines d'escargots en conserve
- 600 g de cèpes
- 1 dizaine de cerneaux de noix
- 1 gousse d'ail hachée
- 2 échalotes émincées (80 g)
- 30 cl de vin blanc
- 100 g de beurre
- 20 cl de crème liquide entière
- 2 cuillerées à soupe de persil plat haché
- Sel et poivre du moulin

Plat

Mouclade

Épluchez et hachez le petit oignon.

Dans un faitout, mettez les moules avec l'oignon et le vin blanc. Remuez et couvrez. Laissez cuire 6 minutes à feu vif en remuant de temps en temps pour que les moules qui sont en surface puissent aller au fond de la casserole et s'ouvrir. Dès qu'elles sont ouvertes, enlevez les coquilles en conservant une coquille sur deux et gardez les moules au chaud recouvertes de papier d'aluminium.

Filtrez le jus de cuisson à l'aide d'une passoire fine et mettez de côté.

Préparez la sauce.

Épluchez et hachez les oignons.

Dans une casserole, faites fondre à feu doux les oignons dans le beurre pendant 10 minutes.

Saupoudrez-les de farine et mélangez.

Ajoutez le jus de cuisson des moules et l'ail. Laissez épaissir à feu doux en remuant constamment. Poivrez.

Dans un bol, mélangez la crème fraîche, les jaunes d'œufs et le curry.

Versez le tout dans la sauce et mélangez.

Versez la sauce sur les moules.

Parsemez de persil haché et servez aussitôt.

Ingrédients

Pour 6 personnes

- 3 kg de moules de bouchot nettoyées
- 1 petit oignon ou 1 échalote
- 30 cl de vin blanc sec ou 30 cl de bouillon de légumes (30 cl d'eau bouillante + 1 cube de bouillon de légumes)

Pour la sauce

- 2 oignons
- 30 g de beurre
- 30 g de farine
- Le jus de cuisson des moules
- 1 gousse d'ail hachée
- 100 g de crème fraîche épaisse à 40 % de MG
- 3 jaunes d'œufs
- 1 cuillerée à café de curry ou de curcuma en poudre
- 2 cuillerées à soupe de persil haché
- Poivre du moulin

Dessert

Salade de fruits exotiques

Commencez par préparer le sirop.

Coupez la gousse de vanille en deux dans la longueur et raclez les graines.

Dans une casserole, versez l'eau avec le sucre, les zestes d'agrumes et la gousse de vanille avec les graines. Portez à ébullition 30 secondes.

Hors du feu, ajoutez les feuilles de menthe, couvrez et laissez infuser pendant 30 minutes.

Filtrez à travers une passoire fine puis mettez au frigo.

Pelez à vif les oranges, les pamplemousses et les clémentines. Retirez les quartiers.

Pelez l'ananas, puis coupez-le en quatre dans la longueur. Retirez le cœur et coupez en morceaux.

Pelez les mangues, retirez le noyau et coupez la chair en lamelles.

Coupez les figues en quatre.

Répartissez tous les fruits dans des assiettes creuses et arrosez de sirop.

Servez bien froid.

L'ASTUCE DÉCO DE SOPHIE

Versez la salade de fruits dans un vase. Recouvrez-le d'un papier de fleuriste entouré d'un joli ruban et voici un cadeau gourmand idéal à offrir.

Ingrédients

Pour 6 personnes

- 2 pamplemousses roses
- 3 oranges
- 1 petit ananas
- 2 mangues
- 3 clémentines
- 6 figues
- Quelques grains de raisin

Pour le sirop

- 50 cl d'eau
- 100 g de sucre en poudre
- Le zeste de 1 citron jaune
- Le zeste de 1 orange
- 1 gousse de vanille
- Une quinzaine de feuilles de menthe

Menu de la semaine

quarante-neuf

Apéritif

Crevettes poêlées à la noix de coco

Entrée

Mystère au tarama

Plat

Mignon de porc aux morilles et au foie gras

Dessert

Nems au chocolat à l'orange confite

Apéritif

Crevettes poêlées à la noix de coco

Dans une assiette creuse, battez légèrement les œufs.

Dans une autre assiette creuse, mélangez la chapelure avec la noix de coco et le curry. Salez.

Trempez les crevettes dans les œufs battus puis roulez-les dans la chapelure à la noix de coco et au curry pour bien les enrober.

Dans une sauteuse, faites chauffer l'huile à feu moyen.

Faites cuire les crevettes jusqu'à ce qu'elles soient dorées.

Égouttez-les sur du papier absorbant.

Dans une casserole, faites chauffer tous les ingrédients de la sauce satay.

Dégustez les crevettes avec la sauce tiède.

Ingrédients

Pour 6 personnes

- 12 grosses crevettes cuites et décortiquées
- 60 g de chapelure
- 80 g de noix de coco râpée
- 2 cuillerées à café de curry
- 3 œufs
- 25 cl d'huile de tournesol
- Fleur de sel

Pour la sauce satay

- 2 gousses d'ail écrasées
- 2 cuillerées à soupe de sauce soja
- 4 cuillerées à soupe de beurre de cacahuète
- 1 cuillerée à café de cumin en poudre
- 1 cuillerée à café de coriandre en poudre
- 1 cuillerée à café de gingembre en poudre
- 1 cuillerée à soupe de jus de citron vert
- 1 cuillerée à café de sucre en poudre

Entrée

Mystère au tarama

Faites ramollir les feuilles de gélatine dans un bol d'eau froide.

Coupez les avocats en deux, dénoyautez-les et retirez la pulpe. Arrosez-la du jus de citron afin d'éviter son oxydation.

À l'aide d'une fourchette, écrasez la pulpe d'avocat avec le fromage et la ciboulette.

Faites fondre la gélatine essorée dans l'eau bouillante puis incorporez-la à la préparation.

Remplissez six petits bols d'environ 8 cl de cette préparation jusqu'à 1/2 cm du bord.

À l'aide d'une cuillère, creusez et déposez une cuillerée à café de tarama au centre de chaque bol.

Découpez six disques de pain de mie du diamètre des bols puis recouvrez chaque bol d'un disque de pain de mie préalablement badigeonné d'huile des deux côtés.

Mettez au frigo pendant au minimum 2 heures.

Plongez les bols à mi-hauteur dans de l'eau chaude pendant 5 secondes afin de faciliter le démoulage.

Recouvrez le dôme de cacahuètes concassées.

Décorez de ciboulette et servez aussitôt.

L'USTENSILE GAIN DE TEMPS DE SOPHIE

Le coupe-avocat est un ustensile formidable pour lui faire la peau sans difficulté ! Jl me permet de retirer facilement la chair de l'avocat et de réaliser de jolies lamelles pour agrémenter les salades.

Ingrédients

Pour 6 personnes

- 100 g de tarama
- 3 avocats
- Le jus de 1 citron jaune
- 2 cuillerées à soupe de ciboulette ciselée
- 8 Carrés Frais Gervais®
- 4 feuilles de gélatine Vahiné®
- 100 g de cacahuètes
- 6 tranches de pain de mie
- 3 cuillerées à soupe d'huile d'olive
- 4 cuillerées à soupe d'eau

Plat

Mignon de porc aux morilles et au foie gras

Dans un bol, réhydratez les morilles 1 heure dans de l'eau tiède en changeant d'eau une fois. Égouttez et séchez les morilles. Coupez-les en deux.

Préchauffez le four à 180 °C (th. 6).

Faites des incisions sur le pourtour des mignons de porc et glissez-y les morilles.

Dans une cocotte, faites dorer les mignons de porc avec les échalotes dans le beurre et l'huile pendant 5 minutes.

Arrosez de Noilly Prat®. Salez, poivrez et couvrez.

Mettez au four pendant 50 minutes en arrosant souvent.

À mi-cuisson, retournez les mignons de porc et ajoutez le foie gras coupé en dés.

En fin de cuisson, sortez les mignons de porc de la cocotte et laissez-les reposer 15 minutes recouvert d'un papier d'aluminium avant de les couper en tranches.

Incorporez la crème fraîche dans la cocotte, chauffez et servez aussitôt avec la viande.

Ces mignons se servent accompagnés de pommes dauphine ou d'une poêlée de champignons.

Ingrédients

Pour 6 personnes

- 2 filets mignons de porc de 600 g chacun ou un morceau d'échine de 1,2 kg désossé
- 120 g de foie gras mi-cuit en terrine ou conserve
- 40 g de morilles séchées
- 3 échalotes émincées
- 20 cl de Noilly Prat® ou de vin blanc
- 50 g de beurre
- 1 cuillerée à soupe d'huile de tournesol
- 3 cuillerées à soupe de crème fraîche épaisse
- Sel et poivre du moulin

Dessert

Nems au chocolat à l'orange confite

Commencez par préparer la sauce au chocolat.

Dans une casserole, faites fondre le chocolat avec la crème liquide.

Ajoutez les oranges confites coupées en petits dés puis laissez refroidir au frigo.

Sur une plaque couverte d'un tapis en silicone ou de papier sulfurisé, formez douze boudins de 5 cm de longueur à l'aide d'une poche à douille.

Mettez-les au congélateur minimum 1 heure ou jusqu'au moment de les utiliser.

Pour la sauce à l'orange, portez à ébullition dans une casserole le jus d'orange avec le sucre.

Incorporez la Maïzena® et fouettez vivement pour éviter les grumeaux.

Laissez mijoter à feu doux pendant 3 minutes.

Réhydratez les feuilles de riz une par une en les plongeant dans un saladier rempli d'eau tiède.

Déposez-les deux par deux côte à côte sur la moitié d'un torchon bien imbibé d'eau froide et posez dessus l'autre moitié du torchon de façon à recouvrir la feuille de riz entièrement.

Déposez un boudin de chocolat sur chacune des feuilles de riz.

Rabattez chaque côté de la feuille puis roulez-la délicatement en forme de nem et cela pour environ dix-huit nems.

Dans une sauteuse, faites dorer dans l'huile bouillante (200 °C) les nems pendant 2 à 3 minutes de tous les côtés.

Égouttez-les sur du papier absorbant puis disposez-les sur les assiettes. Nappez de sauce à l'orange, décorez de menthe et servez aussitôt.

Ingrédients

Pour 6 personnes

- 12 feuilles de riz
- 40 cl d'huile de pépins de raisin
- 6 feuilles de menthe

Pour la sauce au chocolat

- 200 g de chocolat noir
- 15 cl de crème liquide entière
- 30 g d'oranges confites Vahiné®

Pour la sauce à l'orange

- Le jus de 2 oranges (20 cl)
- 50 g de sucre en poudre
- 1 cuillerée à café de Maïzena®

Compote de pommes

Automne

brunch

Œufs cocotte en brioche

Teurgoule

Compote de pommes

Café liégeois

hiver

Menu de la semaine

cinquante

NOËL CHIC

Apéritif

Huîtres et pommes gratinées au cidre

Entrée

Terrine de foie gras au vin de noix et pruneaux

Plat

Pavé de biche aux cerises

Dessert

Tiramisu au pain d'épice et à l'orange

NOËL CHIC

Apéritif

Huîtres et pommes gratinées au cidre

Ouvrez les huîtres, détachez-les et mettez-les à égoutter en récupérant le jus. Conservez les coquilles.

Pelez et coupez les pommes en dés.

Dans une poêle antiadhésive, faites revenir les dés de pomme dans 30 g de beurre à feu moyen pendant 5 minutes. Mettez de côté.

Dans une sauteuse, faites revenir les échalotes dans 30 g de beurre pendant 3 minutes à feu moyen.

Versez le cidre et faites réduire de moitié à feu vif.

Ajoutez la crème fraîche puis faites de nouveau réduire jusqu'à ce que le mélange épaississe.

Versez le jus des huîtres. Poivrez.

Répartissez les dés de pomme dans chaque coquille puis une huître.

Posez le tout sur la plaque du four. Nappez de sauce et faites gratiner sous le gril pendant 3 minutes.

Dans chaque assiette, mettez un lit de gros sel légèrement humide afin de mieux caler les huîtres.

LE CONSEIL DE SOPHIE

Servez-vous de papier d'aluminium pour stabiliser les huîtres dans le four.

LE SECRET DE Sophie

Je prépare la sauce la veille et je la mets au frigo. Au moment de gratiner les huîtres, il ne me reste plus qu'à les napper avec la sauce sans la réchauffer.

Ingrédients

Pour 6 personnes

- 24 huîtres spéciales n° 2
- 2 pommes boskoop ou golden
- 1 échalote émincée
- 60 g de beurre doux
- 100 g de crème fraîche épaisse à 40 % de MG
- 50 cl de cidre brut
- Poivre du moulin

NOËL CHIC

Entrée

Terrine de foie gras au vin de noix et pruneaux

Séparez les deux lobes du morceau de foie gras. Mettez-les dans un saladier.

Dans un bol, faites fondre le sel et le poivre dans le vin de noix.

Versez sur le foie gras et mélangez délicatement.

Dans une terrine, mettez le plus grand lobe face contre fond. Tassez-le.

Répartissez tous les pruneaux puis superposez les autres morceaux de foie gras en les tassant bien avec les doigts afin de chasser l'air et de combler les vides.

Emballez la terrine avec du film alimentaire de façon parfaitement hermétique et en chassant l'air (l'eau ne doit pas rentrer !).

Faites bouillir à couvert 6 litres d'eau pour une terrine de 600 g, 5 litres d'eau pour une terrine de 500 g, 4 litres d'eau pour une terrine de 400 g... J'utilise ma Cocotte-Minute® en guise de marmite, c'est parfait !

Dès l'ébullition, enlevez le couvercle, plongez la terrine dans l'eau, remettez le couvercle et éteignez le feu.

Laissez tranquillement refroidir l'eau puis sortez la terrine, essuyez-la et mettez-la au frigo pendant au minimum 48 heures (vous pouvez la laisser une semaine).

LE CONSEIL DE SOPHIE

Attention, le foie gras doit être sorti suffisamment à l'avance pour que l'on puisse le travailler comme de la pâte à modeler. Jl est important de faire fondre le sel et le poivre dans l'alcool, l'assaisonnement est ainsi réparti de manière optimale. Demandez à votre volailler de déveiner le foie gras. On trouve également chez Picard® un bon foie gras déveiné. À vous de choisir ! Si la terrine remonte dans l'eau (l'air n'a pas été assez chassé), posez un poids sur le dessus.

Ingrédients

Pour 1 terrine de 600 g

- 1 foie gras cru de canard déveiné de 500 g
- 100 g de pruneaux dénoyautés et émincés finement
- 5 cl de vin de noix
- 6 l d'eau
- 1 cuillerée à café rase de sel fin
- 10 tours de moulin à poivre

NOËL CHIC

Plat

Pavé de biche aux cerises

Préchauffez le four à 60 °C (th. 2).

Dans une poêle à feu vif, faites chauffer l'huile puis faites dorer les pavés de biche 3 à 5 minutes de chaque côté suivant la cuisson désirée.

Posez les pavés sur la plaque du four, recouvrez-les de papier d'aluminium et placez-les au four pour les maintenir au chaud.

Enlevez l'excès de graisse de la poêle et remettez-la à feu moyen.

Ajoutez le vinaigre tout en grattant bien tous les sucs à l'aide d'une cuillère en bois.

Poursuivez la cuisson jusqu'à évaporation du vinaigre.

Ajoutez la crème de cerise, le vin rouge, la cannelle, le jus de veau, les cerises, la gelée de groseilles, le porto et les noix.

Laissez réduire jusqu'à ce que la sauce épaississe.

Ajoutez le beurre petit à petit tout en fouettant.

Salez, poivrez et servez les pavés accompagnés de la sauce et d'une purée de céleri.

LE CONSEIL DE SOPHIE

Si vous ne passez pas tout de suite à table, versez la sauce dans un Thermos®, ce qui vous permettra de la garder chaude jusqu'au service.

Ingrédients

Pour 6 personnes

- 6 pavés ou tournedos de biche de 180 g pièce
- 2 cuillerées à soupe d'huile de tournesol

Pour la sauce

- 4 cuillerées à soupe de vinaigre de xérès
- 5 cuillerées à soupe de crème de cerise
- 15 cl de vin rouge
- 1 bâton de cannelle
- 20 cl de jus de veau (20 cl d'eau bouillante + 2 cubes de jus de veau)
- 80 g de cerises dénoyautées au sirop
- 1 cuillerée à soupe de gelée de groseilles
- 5 cuillerées à soupe de porto
- 2 cuillerées à soupe de cerneaux de noix concassés
- 20 g de beurre
- Sel et poivre du moulin

NOËL CHIC

Dessert

Tiramisu au pain d'épice et à l'orange

Coupez les écorces d'orange en petits dés.

Dans un saladier, fouettez les jaunes d'œufs avec le sucre jusqu'à ce que le mélange devienne mousseux.

Incorporez le mascarpone puis les écorces d'orange.

À l'aide d'un batteur électrique, battez la crème liquide bien froide en chantilly puis incorporez-la à la préparation. Mettez au frigo.

Dans un bol, mélangez le Grand Marnier® avec le sirop de sucre de canne.

Découpez dix-huit disques de pain d'épice au diamètre des verres puis imbibez-les de sirop.

Disposez un disque au fond de six verres puis couvrez-le d'une épaisse couche de crème au mascarpone.

Posez un deuxième disque de pain d'épice, recouvrez d'une nouvelle couche de crème.

Posez un troisième disque de pain d'épice et terminez par une couche de crème.

Couvrez les verres d'un film alimentaire et mettez au frigo pendant au minimum 6 heures.

Au moment de servir, saupoudrez les tiramisus de cacao, décorez de lamelles d'oranges confites et servez aussitôt.

L'ASTUCE DÉCO DE SOPHIE

La présentation dans des verres évite tout souci de démoulage et rend ce dessert agréable à l'œil.

Ingrédients

Pour 6 personnes

- 300 g de pain d'épice en tranches
- 60 g de sucre roux
- 3 jaunes d'œufs
- 350 g de mascarpone
- 40 g d'écorces d'orange confite Vahiné®
- 15 cl de crème liquide entière
- 5 cl de Grand Marnier®
- 15 cl de sirop de sucre de canne
- 1 cuillerée à soupe de cacao en poudre

Menu de la semaine

cinquante et une

Apéritif

Cake magret, foie gras, figue et parmesan

Entrée

Darioles de Saint-Jacques

Plat

Dinde rôtie

Dessert

Mousse au chocolat et caramel

NOËL CLASSIQUE

Apéritif

Cake magret, foie gras, figue et parmesan

Préchauffez le four à 180 °C (th. 6).

Dans un saladier, mélangez les œufs avec la farine.

Incorporez l'huile petit à petit puis le lait préalablement chauffé.

Ajoutez le parmesan.

Salez, poivrez et mélangez.

Retirez le gras des tranches de magret et coupez les figues et le foie gras en morceaux.

Incorporez le tout à la base.

Versez la préparation dans un moule à cake antiadhésif de 26 cm non graissé et mettez au four pendant 45 minutes.

Démoulez tiède puis laissez refroidir avant de découper.

LE CONSEIL DE SOPHIE

Je prépare toujours mes cakes 24 heures à l'avance et je les découpe à l'aide d'un couteau électrique, ce qui est bien pratique !
Les cakes se conservent 5 jours dans le bas du frigo ou se congèlent facilement.

Ingrédients

Pour 10 personnes

- 150 g de magret fumé en tranches
- 100 g de foie gras mi-cuit en terrine
- 80 g de figues moelleuses
- 100 g de parmesan râpé
- 3 œufs
- 150 g de farine avec poudre levante incorporée (ou 150 g de farine + 1 sachet de levure)
- 13 cl de lait demi-écrémé
- 8 cl d'huile de tournesol
- Sel et poivre du moulin

NOËL CLASSIQUE

Entrée

Darioles de Saint-Jacques

Préchauffez le four à 160 °C (th. 5-6).

Faites fondre le beurre avec le lait au micro-ondes.

Dans une casserole, mélangez les deux jaunes et l'œuf avec la farine.

Salez, poivrez et ajoutez le paprika.

Versez petit à petit le lait chaud tout en fouettant.

Mettez la casserole sur feu moyen jusqu'à ce que le mélange épaississe. Attention, grumeaux mais ce n'est pas grave !

À l'aide d'un robot hachoir, mixez les blancs d'œufs avec la crème et les noix de Saint-Jacques. Salez et poivrez.

Mettez la farce dans des moules à muffins ou à darioles beurrés (il n'est pas nécessaire de les beurrer si les moules sont en silicone).

Mettez au four au bain-marie pendant 30 minutes.

Pendant ce temps, préparez le beurre blanc.

Dans une casserole, faites réduire le vin blanc avec l'échalote jusqu'à évaporation du liquide.

Ajoutez la crème fraîche, et baissez à feu doux.

Commencez à incorporer petit à petit le beurre en fouettant. Salez et poivrez.

Gardez au chaud dans un Thermos®.

Démoulez les darioles sur les assiettes et nappez de sauce.

LE SECRET DE Sophie

Je prépare les darioles de Saint-Jacques le matin pour le soir et je les réchauffe au moment de servir pendant 1 minute 30 au micro-ondes.

Ingrédients

Pour 6 personnes

- 250 g de noix de Saint-Jacques sans corail
- 65 g de farine
- 2 jaunes d'œufs + 3 blancs d'œufs + 1 œuf
- 50 g de beurre
- 15 cl de lait demi-écrémé
- 25 cl de crème liquide entière
- 1/2 cuillerée à café de paprika
- Sel et poivre du moulin

Pour le beurre blanc

- 200 g de beurre doux
- 20 cl de vin blanc
- 1 échalote hachée (35 g)
- 1 cuillerée à soupe de crème fraîche épaisse à 40 % de MG
- Sel et poivre du moulin

NOËL CLASSIQUE

Plat

Dinde rôtie

La veille de Noël, préparez le beurre aux herbes fraîches.

Mélangez le beurre avec l'échalote, les herbes hachées et le vin blanc. Poivrez.

Formez un boudin et emballez-le dans un film alimentaire. Mettez au frigo.

Le jour de la fête, préchauffez le four à 180 °C (th. 6).

Passez la dinde sous l'eau froide à l'intérieur comme à l'extérieur.

Égouttez-la et essuyez-la soigneusement avec du papier absorbant.

Placez la dinde dans un plat allant au four. Salez et poivrez généreusement à l'intérieur comme à l'extérieur.

Garnissez la dinde des oignons et de l'ail.

Passez la main entre la peau et la chair du dessus de la dinde afin de bien les séparer. Procédez en douceur pour ne pas déchirer la peau. Glissez-y des rondelles de beurre aux herbes.

Salez, poivrez et arrosez d'huile.

Mettez la dinde au four pendant 3 heures. Tournez-la plusieurs fois en cours de cuisson.

À la sortie du four, laissez-la reposer 10 minutes pour donner le temps au jus de cuisson de se redistribuer.

Posez la dinde sur une planche à découper tout en récupérant dans le plat le plus de jus possible.

Posez le plat avec le jus sur le feu et amenez à ébullition.

Versez 10 cl d'eau bouillante tout en raclant bien le fond du plat avec une cuillère en bois pour décoller les sucs.

Découpez la dinde et versez la sauce dans une saucière.

Vous pouvez accompagner la dinde de marrons.

Ingrédients

Pour 8 personnes

- 1 dinde d'environ 3,5 kg
- 2 oignons épluchés et coupés en quatre
- 10 gousses d'ail épluchées et entières
- 2 cuillerées à soupe d'huile de tournesol
- Sel et poivre du moulin

Pour le beurre aux herbes

- 125 g de beurre demi-sel mou
- 1 échalote hachée (35 g)
- 2 cuillerées à soupe de persil haché
- 1 cuillerée à soupe de sauge ou d'estragon haché
- 1 cuillerée à soupe de thym haché
- 5 cl de vin blanc
- Poivre du moulin

NOËL CLASSIQUE

Dessert

Mousse au chocolat et caramel

À l'aide d'un batteur électrique, montez la crème liquide bien froide en chantilly. Prélevez 140 g de chantilly et placez le reste au frigo.

Dans une sauteuse antiadhésive, mettez le sucre à feu doux sans y toucher jusqu'à ce qu'il commence à fondre, puis mélangez jusqu'à l'obtention d'un caramel blond.

Incorporez le beurre et les 140 g de chantilly tout en fouettant.

Mettez le tout dans un saladier.

Faites fondre le chocolat au micro-ondes puis mélangez-le au caramel. Laissez tiédir.

Incorporez le reste de crème Chantilly à l'aide d'un fouet.

Répartissez la mousse dans des petits verres et mettez au frigo.

Décorez avec des copeaux de chocolat blanc ou noir.

LE CONSEIL DE SOPHIE

Faites la mousse la veille, elle n'en sera que meilleure !

Ingrédients

Pour 6/10 personnes

- 100 g de chocolat noir
- 200 g de sucre en poudre
- 40 g de beurre demi-sel
- 40 cl de crème liquide entière

NŒL

Menu de la semaine

cinquante-deux

MENU RÉVEILLON

Apéritif

Panier gourmand au foie gras

Entrée

Gelée royale de saumon

Plat

Saint-Jacques au banyuls

Dessert

Perles du Japon à la mangue

MENU RÉVEILLON

Apéritif

Panier gourmand au foie gras

Préchauffez le four à 180 °C (th. 6).

Avec un pinceau, beurrez les tranches de pain de mie des deux côtés.

Coupez-les en quatre puis insérez-les dans des moules à mini-muffins de manière à en tapisser le fond en formant des petits paniers.

Mettez au four pendant 15 minutes afin de les faire dorer. Retirez-les des moules et laissez-les refroidir.

Coupez votre tranche de foie gras en quinze.

Garnissez chaque panier d'un morceau de foie gras et d'un peu de confiture d'oignons.

Parsemez de fleur de sel et dégustez.

LE CONSEIL DE SOPHIE

À la place du foie gras, vous pouvez utiliser du mousson de canard. J'utilise celui de Fleury Michon® qui est très bon.

L'USTENSILE GAIN DE TEMPS DE SOPHIE

Pour réaliser ces paniers gourmands, j'utilise un moule à mini-muffins de quinze alvéoles en silicone (de 45 x 38 mm) de chez De Buyer®.

Ingrédients

Pour 15 paniers

- 1 tranche de foie gras mi-cuit en terrine (100 g)
- 4 tranches de pain de mie sans croûte Harry's®
- 20 g de beurre fondu
- 1 pot de confiture d'oignons
- Fleur de sel

MENU RÉVEILLON

Entrée

Gelée royale de saumon

Dans un bol d'eau froide, faites tremper les feuilles de gélatine afin de les ramollir.

Dans une casserole, faites chauffer le champagne sur feu doux.

Hors du feu, incorporez la gélatine essorée puis le zeste du citron.

Dans six verrines, répartissez le saumon fumé coupé en petits morceaux puis couvrez de gelée au champagne. Mettez au frigo pendant au minimum 3 heures.

À l'aide d'un batteur électrique, montez le blanc d'œuf en neige. Salez et poivrez.

Dans un bol, fouettez le mascarpone avec le jus de citron et incorporez le blanc d'œuf battu à l'aide d'une maryse.

Garnissez les verrines puis décorez d'œufs de saumon et d'aneth.

L'ASTUCE DÉCO DE SOPHIE

À la place des verrines, utilisez de jolies coupes de champagne.

Ingrédients

Pour 6 verrines

- 300 g de saumon fumé
- 50 g d'œufs de saumon
- Le jus et le zeste de 1 citron vert
- 6 brins d'aneth
- 250 g de mascarpone
- 50 cl de champagne
- 3 feuilles de gélatine Vahiné®
- 1 blanc d'œuf
- Sel et poivre du moulin

MENU RÉVEILLON

Plat

Saint-Jacques au banyuls

La veille ou 48 heures à l'avance, préparez les chips de coppa.

Préchauffez le four à 180 °C (th. 6).

Sur la plaque du four, placez les rondelles de coppa sur un tapis en silicone ou du papier sulfurisé. Recouvrez d'une autre feuille de papier sulfurisé et placez un plat par-dessus afin que la coppa reste bien plate.

Mettez au four pendant 15 minutes. Mettez de côté.

Dans une casserole, versez le banyuls avec le sucre et faites réduire à feu vif jusqu'à la consistance d'un caramel pas trop foncé.

Ajoutez petit à petit le beurre en morceaux tout en fouettant. Mettez de côté.

Faites chauffer une poêle à feu vif avec l'huile.

Dès que la poêle est très chaude, posez les noix de Saint-Jacques et laissez-les cuire 1 minute sans les toucher, puis retournez-les et retirez la poêle du feu.

Répartissez les noix de Saint-Jacques sur les assiettes. Parsemez de fleur de sel et de poivre.

Cassez en morceaux les chips de coppa puis piquez-les sur les noix de Saint-Jacques.

Versez la sauce autour et servez aussitôt.

Accompagnez ce plat de pousses d'épinards ou de roquette.

L'ASTUCE DÉCO DE SOPHIE

30 minutes à l'avance, préchauffez le four au maximum. Pendant ce temps, nettoyez six galets que vous aurez récupérés sur la plage (que vous pouvez également acheter dans les jardineries) et placez-les au four pendant 1 heure. Sur chaque assiette, posez un galet sur un peu de gros sel (attention, c'est chaud, utilisez des gants !). Déposez une noix de Saint-Jacques sur chaque galet puis le reste sur l'assiette.

Ingrédients

Pour 6 personnes

- 18 noix de Saint-Jacques avec ou sans corail
- 6 rondelles de coppa, de bresaola ou de bacon
- 2 cuillerées à soupe d'huile d'olive
- Fleur de sel et poivre du moulin

Pour la sauce caramel au banyuls

- 50 cl de banyuls ou de muscat de Beaumes-de-Venise
- 20 g de sucre en poudre
- 100 g de beurre

MENU RÉVEILLON

Dessert

Perles du Japon à la mangue

Dans une casserole, portez à ébullition le lait de coco et 25 cl d'eau.

Versez les perles du Japon, le sucre et la gousse de vanille fendue en deux. Laissez cuire 10 minutes à feu doux.

Hors du feu, ôtez la gousse de vanille. Couvrez et laissez tiédir.

Épluchez et coupez la mangue en dés.

Détachez les graines de grenade.

Répartissez la préparation aux perles dans des verres, ajoutez les graines de grenade puis disposez les dés de mangue par-dessus.

Dégustez encore tiède ou froid.

LE CONSEIL DE SOPHIE

Les perles du Japon sont fabriquées à partir de la fécule de manioc. Ces perles blanches, rondes et régulières deviennent transparentes à la cuisson. N'hésitez pas à les utiliser, c'est surprenant et très bon. Vous les trouverez dans tous vos supermarchés.

L'USTENSILE GAIN DE TEMPS DE SOPHIE

Savourer ce fruit ensoleillé et juteux n'est plus un challenge grâce au découpe mangue. D'un geste, cet ustensile taille la mangue en deux, il ne reste plus qu'à découper la chair pour confectionner une salade de fruits, une tarte ou encore un gratin exotique.

Ingrédients

Pour 6 personnes

- 90 g de perles du Japon
- 50 cl de lait de coco
- 90 g de sucre en poudre
- 1 gousse de vanille
- 1 mangue
- 1 grenade

Pour la déco

- Feuilles de menthe ou zestes de citron vert ou graines de sésame

Annexes

Table des recettes

Index

Index des recettes
à préparer à l'avance

Index par ingrédients

Bon à savoir

Table des recettes

Index des recettes

Q-R

S

T

U-Y

Index des recettes à préparer à l'avance

Index par ingrédients

(Seuls les principaux ingrédients sont indexés)

Bon à savoir

Thermostats et températures du four

Thermostat **1**
30°C, température très douce

Thermostat **2**
60°C, température très douce

Thermosat **3**
90°C, température douce

Thermosat **4**
120°C, température douce

Thermosat **5**
150°C, température modérée

Thermosat **6**
180°C, température moyenne

Thermosat **7**
210°C, température assez forte

Thermosat **8**
240°C, température forte

Thermosat **9**
270°C, température très forte

Thermosat **10**
300°C, température vive

La puissance des fours n'est pas uniforme et peut varier d'un appareil à l'autre. Il est important d'ajuster la cuisson à la température du four.

L'ASTUCE DE SOPHIE

Pour trouver la température associée au thermostat, multiplier le thermostat par trois (ex : thermosat 6 X 3 = 180 °C) !

Quelques récipients usuels pour mesurer facilement

1 verre à bordeaux
ou 1 tasse à café
=
10 cl
=
100 g

1 tasse à thé
=
15 cl
=
150 g

1 verre à moutarde ou à eau
=
20 cl
=
200 g

1 bol
=
40 cl
=
400 g

1 cuillerée à café contient :
7 g de beurre
5 g de sucre ou de sel fin
4 g de farine ou de semoule
0,7 cl de liquide

1 cuillerée à soupe (3 cuillerées à café) contient :
20 g de beurre ou de riz cru
15 g de sucre ou de sel fin
12 g de semoule ou de farine
1 cl de liquide

La collection de Sophie

Remerciements

Sophie Dudemaine

Je tiens tout particulièrement à remercier Florence Lécuyer et Hervé de La Martinière de m'avoir donné envie de faire ce livre et de m'avoir apporté leur soutien et leur confiance.

Mes remerciements vont aussi à Jocelyne et Hélène dans mon équipe pour leur collaboration à la préparation et aux tests de tous les plats ; à Aurélie Aminian et Carine Turin pour la mise en forme des recettes et la réalisation de l'ouvrage ; à Philippe Asset et sa femme Alice Asset-Guerrand pour leurs magnifiques photos qui vous feront probablement saliver ; à tous les grands chefs qui m'ont enseignée et inspirée durant toutes ces années (Henri Faugeron, Jean-Pierre Vigato, Alain Ducasse, Joël Robuchon, Pierre Hermé, Martial Enguehard, Philippe Conticini…) ; à tous mes fans qui me soutiennent depuis dix ans ;

à ma famille, mes enfants et mon mari, pour leur aide et tout leur amour.

Je remercie également, pour leur étroite et précieuse collaboration, les marques qui me suivent depuis si longtemps : Smeg®, KitchenAid®, de Buyer® et Gloria® ;

ainsi que tous mes commerçants avec leurs merveilleux produits : *Chez Alain* à Trouville-sur-Mer pour le poisson, *Charbonneau* pour le cidre et le jus de pomme à Moyaux, et, à Pont-l'Évêque, *Auvray* pour la viande, *Le Fruitier* pour les fruits et légumes, *L'Épi d'or* pour le pain.

Alice Asset-Guerrand

Je remercie chaleureusement la société Febvay® pour ses tissus de couleur, Mydrap® pour les serviettes, sans oublier Muji®, Habitat®, Lecreuset®, The Conran Shop®, Guy Degrenne®, Merci®, Pillivuyt®, Sabre® et Villeroy&Boch® pour la vaisselle.

Photogravure : APS / Chromostyle
Cet ouvrage a été achevé d'imprimer en septembre 2010
Sur les presses de l'imprimerie POLLINA, à Luçon - L54777A
Dépôt légal : octobre 2010 / Imprimé en France

Semaine 01	*Semaine* 02	*Semaine* 03	*Semaine* 04
Semaine 09	*Semaine* 10	*Hiver* brunch	*Semaine* 11
Semaine 16	*Semaine* 17	*Semaine* 18	*Semaine* 19
Semaine 24	*Printemps* brunch	*Semaine* 25	*Semaine* 26
Semaine 31	*Semaine* 32	*Semaine* 33	*Semaine* 34
Semaine 38	*Semaine* 39	*Semaine* 40	*Semaine* 41
Semaine 46	*Semaine* 47	*Semaine* 48	*Semaine* 49